'인생의 차이'를 만드는 31일 습관

라온 경영습관

라온 습관경영

'인생의 차이'를 만드는 31일 습관

니시다 후미오 지음

강은미 감수 ─ 이동희 옮김

전나무숲

나는 다양한 조직과 사람들을 대상으로 변화와 혁신에 대해 강의하는 일을 업으로 삼고 있다. 조직에서는 직장인을 위한 다양한 직무교육 및 소양교육을, 학교에서는 가정경영을 위한 부모교육과 자녀교육에 대한 주제들로 사람들을 만난다. 얼핏 생각하면 이렇게 다양한 사람들을 만나서 강의를 하다 보니 많은 이야기를 전해주고 올 것 같지만 오히려 그들에게 배우고 오는 경우가 훨씬 많다.

일과 가정의 균형(work and life balance)이 행복한 삶을 위해 중요하다는 사실 역시 강의 현장에서 많이 느끼는 것들 중 하나이다. 수년 동안 직업, 성별, 연령 등을 불문하고 다양한 사람들에게 '직장생활을 하면서 자신들이 열심히 사는 이유', '일을 하는 이유' 등에 대해 물어보면서 깨달은 바는 많은 사람들의 삶에 있어서 중요한 핵심가치가 '가족, 건강, 경제' 등에 있다는 사실이다. 가족이 행복하고 건강하며, 가정경제에 있어서 스스로 세운 기준에 도달하는 것이 행복과 밀접한 관계가 있다는 사실에 대해서는 나도 역시 동감한다.

또한 삶의 중요한 핵심 키워드인 '가족, 건강, 경제'가 조금씩 나아져가는 경험을 하게 될 때 우리의 삶은 더욱 풍요롭게 된다.

이러한 성장을 돕는 가장 중요한 요소는 바로 '습관'이다. 누구에게나 공평하게 주어진 시간과 좋은 습관이 만나면 삶이 달라진다. 삶의 중요한 가치인 가족, 건강, 경제와 같은 외적인 성장과 더불어 행복에 대한 관점과 태도, 그리고 성공에 대한 인식의 전환 같은 내적인 성장도 동시에 일어나게 된다.

심리학자 윌리엄 제임스는 인간을 '습관들의 묶음으로 이루어진 존재'라고 했다. 습관의 중요성을 강조하는 말이다. 또한 논어에 성상근[性相近], 습상원[習相遠]이라는 말이 있다. 타고난 성품은 거의 같으나 습관에 따라 큰 차이가 생긴다는 뜻이다. 모든 사람들의 타고난 천성은 서로 비슷하지만 후천적으로 형성되는 습관에 따라 선과 악이라는 큰 차이가 생기게 된다는 뜻이기도 하다. 이 역시 '습관'을 중히 여기는 말이다.

많은 사람들이 중요시 여기는 이러한 '습관'이 만약 타고난 것이 아니라 길들여지는 것이라면 어떤 습관을 길들이느냐에 따라 삶의 차이가 결정될 것이며, 그것은 곧 자기 인생의 미래가 될 것이라고 생각한다.

예나 지금이나 습관을 중요하게 여기는 이유는 자기 삶의 방향을 자신이 정해야 하기 때문이다. 읽는 것, 듣는 것, 소비하는 것, 먹는 것, 느끼는 것, 그리고 사람들과의 관계를 맺는 것 등, 이 모든 것들이 응집되어 나의 가치를 결정한다. 이러한 것들은 모두 자신의 선택과 이어져 있고, 그 선택과 더불어 좋은 습관을 들이기 위한 노력이 인생의 전환점을 만든다.

나쁜 습관은 애써 노력하지 않아도 우리 몸에 쉽게 밴다. 한번 몸에 밴 나쁜 습관은 없애기도 어렵다. 좋은 습관이란 긍정적인 태도를 갖는 것, 경청하는 것, 책을 읽는 것, 타인을 이해하는 것, 운동하는 것, 절약하는 것, 좋은 취미생활을 하는 것 등이다. 모두 쉽지 않은 것들이다. 변화 없이 이대로 가면 이대로 늙는다. 이대로 늙어가기 싫은 사람들에게 작년과는 다른 새해로 안내하는 길은 바로 습관의 변화다.

습관의 중요성(why)은 누구나 잘 알고 있다. 실천하는 방법(how) 역시 잘 알고 있다. 하지만 실행(Action)은 전혀 다른 이야기이다. 《라온 습관경영》은 실행이 힘든 사람들을 위한 책이다. 이 책을 활용하면 습관경영의 실천이 매우 쉽고 탁월하다. '라온'은 '즐거운'이라는 뜻의 순 우리말이다. 책의 제목처럼 이 책 안에는 매일 편하게 읽고 일상생활에 즐겁게 적용해볼 수 있는 다양한 내용들이 곳곳에 숨어 있기 때문에 좋은 습관을 만드는 일이 행복할 것이라고 확신한다.

과거를 후회하기보다는 현재를 놓치지 말고, 다른 곳을 바라보기보다는 지금 여기를 중요시 여기며, 타인을 부러워하기보다는 나에게 집중하는 것! 이 세 가지에 늘 깨어 있는 삶이 바로 성공하는 삶이자 행복한 삶이다. 이 책은 좋은 습관을 만드는 데 있어서 즐거움으로 실행할 수 있는 일상의 쉬운 방법들을 소개하고 있으며, 넓게는 행복의 이론들과 맥이 닿아 있는 많은 내용들을 알려주고 있음에 감동을 받는다.

'계속이 힘이다'라는 즐거움을 체험하게 해줄 이 책을 만난 것은 나에게 아주 큰 행운임에 틀림없다.

㈜한국인재경영교육원 대표 **강은미**

이 세상에는 놀라운 재능을 보유하고 있는 사람들이 많이 있다. 지금은 아직 그 재능을 발휘하지 못하고 있을지 모르지만, 당신 역시 그렇다. 그러나 알다시피 재능 있는 사람들이 모두 다 성공하는 것은 아니다.

또 지금 이 순간에도 수많은 사람들이 꿈을 실현하기 위해 노력하고 있다. 하지만 노력한다고 해서 반드시 꿈이 이루어지는 것은 아니다.

왜 재능이 있는데도 성공할 수 없는 걸까?
왜 온 힘을 다해 노력하는데도 꿈을 실현하지 못하는 걸까?
그리고 왜 행복해질 수 없는 걸까?
이유는 간단하다. 그 사람에게는 재능과 노력을 살려 행복해지기 위한 '운'이 없기 때문이다.

좀 더 구체적으로 말하면, 재능이 있고 노력을 해도 그것이 행복이나 성공으로 이어지지 않는 것은 그 사람의 뇌가 '운을 불러들일 수 없는 상태'이기 때문이다. 그렇다. 운을 좌우하는 것은 바로 그 사람의 '뇌 상태'다.

그런 '운이 따르지 않는 뇌'를 '운이 찾아와 성공하는 뇌'로 바꾸는 것이 내 일이다.

뇌가 '운이 따르는 상태'가 될지, '운이 따르지 않는 상태'가 될지의 차이는 그 사람이 평소에 어떤 생각을 하고 어떤 이미지를 떠올리며, 어떤 말을 사용하고 어떤 행동을 하고 있는지에 따라 결정된다. 이 말은 당신의 사고와 습관, 행동을 날마다 조금씩 개선해 간다면 어떤 뇌도 '행운을 불러들이는 뇌'로 바꿀 수 있다는 뜻이다.

그렇기 때문에 스스로 운을 부르기 위한 습관을 만들어 가야 하는 것이다.

평소의 사고와 행동을 어떻게 개선 해야 할까?

나는 지금까지 수없이 많은 성공한 사람들과 만나서 '큰 성공을 거둔 사람은 보통 사람과 어떤 점이 다른지'를 철저하게 연구해 왔다. 그 결과, 운을 부르기 위해서는 다음의 세 가지 힘이 가장 큰 영향을 미친다는 사실을 밝혀냈다. 그것은 바로,

행운을 느끼는 힘(運感力, 운감력),

기쁨을 느끼는 힘(喜感力, 희감력),

은혜를 느끼는 힘(恩感力, 은감력)으로 이루어진 '행운의 법칙'이다.

이 책도 이 '행운의 법칙'을 토대로 삼고 있다.

어떤 경우에도 '운을 부르는 세 가지 힘'을 기르면, 재수와 행운은 저절로 당신을 찾아온다.

이 책에는 1일부터 31일까지 하루에 한 가지씩 실천할 수 있는 31가지의 습관이 소개되어 있다.

이 습관들은 모두 내가 평소 세미나나 브레인 트레이닝 현장에서 지도하고 있는 내용을 독자 스스로 실천할 수 있도록 바꾼 것이

다. 트레이닝이라고 해서 특별히 어려운 과제는 없으니 안심하기 바란다.

　매일 아침, 혹은 전날 밤이라도 좋다. 그날 날짜가 적힌 곳에 쓰여 있는 과제를 읽고, 마지막에 체크와 메모를 한다. 그리고 그 내용에 따라 하루를 보낸다. 이런 행동을 매일 반복하면 당신의 뇌는 행운을 불러들이는 상태로 바뀌어갈 것이다. 처음에는 실감하지 못할지 모르지만 한 달 후에 당신의 주변에 변화가 찾아온다. 단, 한 달로 끝내지 말고 계속해서 반복하면 진정한 행운을 손에 넣을 수 있다.

　꿈은 꾸기 위해 존재하는 것이 아니라 실현하기 위해 있는 것이다.
그리고 누구나 반드시 꿈을 이루고 행복해질 수 있다.
이 책으로 나는 이런 사실을 증명하고 싶다.

　자, 이 책을 집어 들었다는 것은 이미 당신이 '운이 따르는 인생' 의 출발선상에 서 있다는 의미다.
어서 페이지를 넘겨 '행운을 만드는 31일 습관'을 실천하자.

니시다 후미오

내 안에 숨어있는 '긍정의 힘'을 이끌어내는 31일 습관

Contents

1일

성공한 자신을 상상한다

19

2일

상식을 벗어난 목표를 갖는다

23

3일

말을 내 편으로 만든다

27

긍정의 힘을 이끌어내는 '**31일 습관정착 트레이닝 카드**'

4일

자신만의 '넘버원 포즈'를
만든다

31

5일

행운이 따르는 사람을 찾는다

35

6일

소원해진 은인을 떠올린다

39

7일

남의 눈을 철저하게 의식한다

43

20일

부모님께 전화한다

101

21일

누군가를 몰래 칭찬한다

107

22일

내 인생 최고의 날을 생각한다

111

23일

모든 말의 마지막을 긍정적으로
바꾼다

115

24일

좋은 일 리스트를 만든다

119

25일

'~하다'를 '~하도록 허락받다'
로 바꾼다

123

26일

상냥하게 미소짓는
연습을 한다

127

27일

남과 나를 비교하지 않는다

131

28일

동료와의 대화 내용을
돌이켜 본다

135

29일

씩씩하게 걷는다

139

30일

신세를 진 6명에게 감사한다

143

31일

죽음에 대해 생각한다

147

'31일 습관' 실천 규칙

이 책에서는 한 달을 상순, 중순, 하순으로 구분해 행운이 찾아오는 습관을 매일 한 가지씩 소개하고 있다.

중요한 것은 날마다 실천하고 달마다 반복하는 것이다. 그러다 보면 자연히 행운이 찾아온다.

● 초순(1~10일)에는 새로운 달을 맞아 '자, 이번 달도 힘내자!'라는 적극적인 습관이 중심을 이룬다.

● 중순(11~20일)에는 자신도 모르게 해이해지기 쉬운 시기에 고삐를 바짝 죄기 위해 독특한 방법이나 아껴 두었던 비책 등 조금 자극적인 습관을 군데군데 넣었다.

● 한 달을 마무리 짓는 하순(21~31일)에는 운과 함께 인간적인 매력도 높일 수 있을 만한 습관을 모았다.

그럼, 행운을 부르는 습관을 익혀 새로운 내일로 성큼성큼 달려가보자!

행운의 법칙

자신을 믿고 나아가게 하는
'행운을 느끼는 힘(運感力)'을 기르자

운을 불러들이기 위한 첫번째 법칙은 '행운을 느끼는 힘'을 기르는 것
이다. 이것이 없이는 결코 행운은 찾아오지 않는다.

단언컨대, '자신에게 운이 없다'고 생각하는 사람은 끝까지 운이 따르
지 않는 인생을 살아간다.

성공하는 사람은 예외 없이 운을 느끼는 능력이 뛰어나 '나는 운이 좋
다!' '내겐 운이 따른다!' 라고 생각한다.

따라서 그들은 어떤 궁지에 처해 있어도 자기 자신을 믿고 굳세게 맞
서 나갈 수 있는 것이다.

어떤 일에 대해서든 늘 긍정적인 생각을 가질 수 있는 사람이 된다면
운이 찾아왔을 때 이 운을 놓치지 않고 틀림없이 '운 좋은 사람'이 될 수
있을 것이다.

'나는 운이 좋다'고 생각하고 느끼는 것이 운을 부르는 첫번째 방법인
것이다.

행운의 법칙

2

사람들로 부터 환영받는 '기쁨을 느끼는 힘(喜感力)'을 높인다

운을 불러들이기 위한 두번째 법칙은 '기쁨을 느끼는 힘'을 높이는 것이다.

무언가 기쁜 일이 생겼을 때 그 기쁨을 강하게 느끼는 사람과 별로 느끼지 못하는 사람이 있다.

신기하게도 이 기쁨을 느끼는 능력이 낮은 사람은 좀처럼 성공하지 못한다. 또한 이것이 둔감한 사람은 성공한 사람들로부터 환영받지 못한다. 따라서 더욱더 행운이나 성공에서 멀어지게 된다.

행운을 손에 얻기 위해서는 '기쁨을 느끼는 힘'을 연마하는 것이 필수조건이다.

자신에게 생겨나는 기쁨을 느끼고 또한 남을 기쁘게 하고 남의 성공도 기뻐한다. 이것이 행운을 불러들이기 위해서는 필요한 것이다.

'기쁨의 안테나' 감도(感度)를 높여 재수와 행운을 거머쥐자.

3

포기하지 않는 에너지를 주는 '은혜를 느끼는 힘(恩感力)'을 키운다

행운을 위한 세번째 법칙은 간단하면서도 운을 좋게 하는 막대한 효과가 있는 '은혜를 느끼는 힘'을 키우는 것이다.

사람은 누구나 혼자서는 살아갈 수 없다. 많은 사람들을 만나고 그 사람들의 도움이 있었기에 우리들은 여기까지 올 수 있었다.

'은혜를 느끼는 힘'이란 그런 자신의 든든한 버팀목이 되어 준 사람들의 은혜를 분명하게 자각하고 그 모든 은혜에 감사하는 마음을 갖는 것이다.

괴로울 때, 힘들 때, 무언가를 포기하려고 할 때는 감사하는 마음이 가져다주는 에너지가 좌절하지 않고 앞으로 나아갈 힘을 준다.

자신의 버팀목이 되어 준 사람과 환경에 은혜를 느끼고 그 모든 것에 감사하는 힘을 갖춘다면 행운은 저절로 당신을 찾아온다.

1일

성공한 자신을 상상한다

상상해 보라. 당신은 성공했다.

1일

성공한 자신을 상상한다

먼저 한 달의 시작을 '성공한 자신을 상상하는 일'로 출발하면
어떨까?

- 큰일을 성취해 만족감에 잠겨 있다.
- 여러 가지 일들이 술술 풀려 자신감이 넘친다.

예를 들어 이런 경우에 그 사람의 뇌는 '사고', '감정', '이미지'
가 모두 긍정적이 되어 뇌 속에서 도파민이라는 호르몬이 분비된다.

도파민은 가슴을 두근두근 고양시키는 동시에 뇌 속의 다양한 부

위를 활성화시키는 작용이 있다. 도파민이 활발하게 분비되면 기억력이 좋아지고 생기가 돌며 행동력과 창의성도 높아진다.

즉 사람의 뇌는 긍정적인 사고, 감정, 이미지로 충만하면 무엇을 하든 술술 풀리는 '성공하는 뇌'가 된다.

큰 성공을 거둔 대부분의 사람은 일반인들이 '불가능하다'고 말하는 것을 '할 수 있다'고 믿고, 긍정적으로 사고하는 뇌를가지고 있다.

따라서 그들은 언제나 마음이 기대감으로 두근두근하고 의욕이 넘치며, 목표를 달성하기 위한 아이디어가 샘솟는다.

한편, 실패하는 사람들의 뇌는 과거에 축적된 실패 데이터 탓에 '하고 싶지만 무리다', '절대로 불가능하다'와 같은 부정적인 이미지에 지배당하고 있다.

이 같은 보통의 뇌를 성공하는 뇌로 바꾸는 것이 이미지의 힘이다.

예컨대, 매실장아찌를 머릿속에 떠올리는 것만으로 저절로 침이 나오듯이 사람의 뇌는 '단순한 이미지'와 '현실의 경험'을 때때로 혼동한다.

이미지가 선명하면 선명할수록 뇌는 그 이미지를 '현실'이라고 착각한다.

이런 뇌의 착각을 이용하면 '불가능하다', '무리다' 라고 포기하고 있는 보통의 뇌를, 성공한 사람들과 같은 '성공하는 뇌'로 바꿀 수 있다.

필요한 것은 '이미 달성했다' 의 이미지다.

이를 위해서는 '성공했다', '이루어졌다' 는 상황뿐만 아니라 당시의 기쁨과 감동까지 포함해 생생하고 아주 분명하게 이미지화하는 것이다.

자, 그럼 '성공한 자신'을 리얼하게 이미지화해서 뇌가 착각하게끔 만들어 성공을 향해 풀가동하는 뇌로 만들어 보지 않겠는가?

자신의 성공을 믿는 사람만이 성공할 수 있다!

> ❌ 내일을 위한 습관 하나!
>
> check!
> ☐ 꿈이 이루어졌을 때의 자신을 이미지화한다.
>
> ☐ 그때의 기쁨, 감동까지 함께 느껴본다.

2일

상식을 벗어난 목표를 갖는다

어떤 일이든 좋다. 어쨌든 아주 거창하게!

2일

상식을 벗어난 목표를 갖는다

옛날에는 '천재는 뇌세포 수가 많다'는 말들을 하곤 했지만 사실 뇌세포 수에는 큰 차이가 없다.

노벨상 수상자의 뇌도, '세계에서 성공한 사람 50인'에 들어가는 경영자의 뇌도, 당신의 뇌와 마찬가지로 약 160억 개의 세포로 이루어져 있고 그 성능에 큰 차이가 없다는 것이다.

그렇다면 왜 크게 성공한 사람과 성공하지 못한 사람이 존재하는 걸까?

그 차이는 바로 '얼마나 원대한 꿈(목표)을 갖고 있느냐'에 달려 있다.

사람은 누구나 태어났을 때는 100% 긍정적인 사고로 어떤 목표도 달성할 수 있다고 굳게 믿는다. 그 증거로 아기는 서서 걸을 수 있게 될 때까지 설령 몇 백 번, 몇 천 번 넘어지더라도 포기하지 않고 계속 도전한다.

만일 아기들이 모두 '서서 걷는 건 무리'라고 포기했다면 지금쯤 인간은 모두 네 발로 기어 다니고 있을 것이다.

그런데 사람은 성장하는 과정에서 실패를 경험할 때마다 뇌에 부정적인 기억 데이터를 축적한다.

사람의 뇌는 '어떻게 하면 실패를 미연에 방지할까' 하는 위기관리를 늘 하고 있으며 사물을 판단할 경우에는 무의식중에 과거의 실패 데이터와 비교하곤 한다. 따라서 무언가를 실제로 실행하기 전부터 과거의 실패 데이터를 토대로 '무리다', '불가능하다'고 '착각'해 버린다. 그리고 우리의 뇌는 '무리'라고 생각하면 그 이상의 능력을 발휘하지 못하게끔 만들어져 있다.

한편, 큰 성공을 거둔 사람들은 아기와 마찬가지로 어떤 일이든 '할 수 있다'고 생각한다. 말하자면 상식을 벗어난 사람들이다.

마음속 깊은 곳에서 '할 수 있다'고 착각하고 있기 때문에 뇌는 그에 따라 정말로 그 꿈과 목표를 실현시킨다.

만일 당신이 크게 성공하고 싶다면 성공한 사람들처럼 '원대한 꿈'과 '상식을 벗어난 목표'를 품으면 된다.

'말은 쉽지만……'이라고 고민에 빠졌다면 '도깨비방망이'가 내 손에 들어왔다고 상상해 보자. 어떤 소원이든 이루어 주는 이 신비한 방망이에 당신이라면 어떤 소원을 빌겠는가?

'반드시 이룰 수 있다.' 이 점을 전제로 했을 때 머릿속에 떠오르는 꿈과 목표. 그것이 당신이 오늘부터 지녀야 할 '진정한 꿈(목표)'이다.

큰 목표는 자신의 능력까지 확장한다.

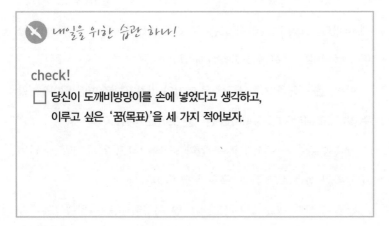

3일

말을 내 편으로 만든다

속임수라도 상관없다. '즐겁다'고 생각하라.

3일

말을 내 편으로 만든다

남을 시기하는 말을 하면 시기심이 생기고 상냥한 말을 하면 마음이 상냥해진다.

뭐라 말할 수 없는 신비한 말의 힘에 대해 **옛 선인들은 '말에는 혼이 담겨 있다'고 여겨 말을 '언령(言靈)'이라고 불렀다.**

유감스럽게도 말에 혼은 없으나 뇌 과학의 발달에 따라 '말'과 '정신' 사이에는 밀접한 관련이 있다는 사실이 밝혀졌다.

뇌에 대해 말할 때 자주 등장하는 용어로 '좌뇌'와 '우뇌'가 있다.

우뇌는 이미지와 정서를 관장하기 때문에 '이미지의 뇌'라고 불리고, 논리와 분석을 담당하는 좌뇌는 '논리의 뇌'로 표현된다.

우뇌와 좌뇌는 철저히 독립적으로 기능하고 있다고 생각하기 쉽지만 이들 뇌는 항상 연동하고 있다. 그렇기 때문에 '말'은 좌뇌에 있는 언어중추를 활용하고 있지만 그 정보는 우뇌에 즉시 전달된다.

즉 부정적인 말을 입에 올리면 즉시 우뇌에 부정적인 이미지가 생겨난다는 말이다. 부정적인 이미지는 곧 바로 뇌의 감정을 관장하는 부위에 전달된다. '말은 마음(혼)을 만들기 때문에 무섭다'는 옛 선조들의 말씀이 과학적으로도 입증된 셈이다.

게다가 놀랍게도 **사람의 뇌는 입으로 뱉은 말 전부를 잠재의식 속에 기억하고 있다.** 그러므로 부정적인 말을 하는 것은 곧 불쾌한 경험을 한 것과 마찬가지 작용을 한다.

따라서 **부정적인 이미지를 초래하는 '어두운 말'을 밝고 미래 지향적인 말로 바꿔 말을 내 편으로 만드는 습관을 만들어야 한다.**

예를 들어 피로가 쌓여서 출근하고 싶지 않은 아침이라면 '일'이라는 말을 '즐거움'이라는 말로 바꾼다. 그리고 현관 앞에서 가족들을 향해 "자, 즐기러 다녀올게"라고 인사하고 나가 보자.

왠지 빤한 속임수처럼 느껴지겠지만, 사람의 뇌는 정반대되는 두 가지 데이터를 동시에 입력하지 못한다. 따라서 '즐거움'이라는 말을 사용하면 '즐거움'만을 이미지화하면서, '힘들다', '싫다'고 느끼지 못한다.

'잔업 → 마무리, 공부 → 향상, 위기 → 기회'등 다양한 말 바꾸기를 통해 뇌에 긍정적인 정보를 입력해 보자.

긍정적인 말이 긍정적인 나를 만든다.

 내일을 위한 습관 하나!

check!

☐ 당신이 자주 사용하는 부정적인 말을 곰곰히 생각한 후, 그것을 긍정적인 말로 바꿔어 적어본다.

4일

자신만의 '넘버원 포즈'를 만든다

일본 여자 소프트볼 팀의 비밀은 사실……

4일

자신만의 '넘버원 포즈'를 만든다

베이징 올림픽에서 일본 여자 소프트볼 대표팀의 우승은 일본 열도를 뜨거운 감동으로 물들였다.

미국과 벌인 결승전에서 멋지게 우승이 확정된 순간, 선수들이 마운드에 서 있던 투수 우에노 유기코(上野由岐子) 선수 앞으로 달려가 **모두 하늘을 향해 집게손가락을 번쩍 올리던 인상적인 광경을 당신은 기억하고 있는가?**

사실 그 포즈는 단순히 세계 최고가 되었다는 기쁨을 표현한 것이 아니다.

세계 최고가 될 때까지 오랜 시간 일본 대표팀 선수들의 버팀목이 되고, 선수 전원의 모티베이션을 높은 수준으로 유지시켜 왔던 '넘버원 포즈'였던 것이다.

나는 베이징 올림픽이 개최되기 전해인 2월부터 약 1년 반에 걸쳐 일본 여자 소프트볼 대표팀의 브레인 트레이닝을 맡았다. '이 팀은 베이징 올림픽에서 반드시 우승할 것이다. 이를 위해 내가 왔다!'고 기세 좋게 팀에 합류한 나는, 첫 트레이닝에서 선수들과 함께 금메달을 따는 '목적'과 그 목적을 상징하는 포즈를 정했다.

그 포즈가 바로 유니폼의 가슴 언저리에 적힌 'Japan'이라는 글자를 만지고 집게손가락을 머리 위로 번쩍 올리는 포즈다.

이 동작은 세계 최고가 되어 금메달을 딴다는 목표와 '소프트볼을 하고 있는 일본 어린이들에게 꿈과 희망을 준다'는 목적을 즉시 떠올리기 위한 중요한 액션이었다.

목표와 목적의 달성, 그리고 성취의 기쁨을 이미지화하면서 '넘버원 포즈'를 따라 근육을 움직여 보라. 그러면 근육에 대한 자극은 뇌를 통해 잠재의식 속으로 '목표 달성'이라는 긍정적인 이미지를 보낸다.

이런 동작을 되풀이하는 동안에 포즈를 취하는 것만으로 목표를 달성했을 때의 두근두근한 마음이 반사적으로 되살아난다.

그러면 뇌는 '성공하는 뇌'가 되어 그 사람이 갖고 있는 힘을 100% 발휘하려고 온 힘을 다해 기능하기 시작하고 최고의 퍼포먼스를 가능하게 만든다.

자, 오늘부터 당신도 소프트볼 선수들처럼 넘버원 포즈를 실천하고 '성공하는 뇌'를 손에 넣자!

자신만의 '넘버원 포즈'로 성공을 쟁취하라!

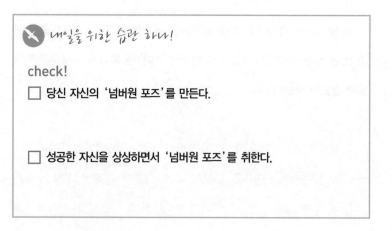

내일을 위한 습관 하나!

check!

☐ 당신 자신의 '넘버원 포즈'를 만든다.

☐ 성공한 자신을 상상하면서 '넘버원 포즈'를 취한다.

5일

행운이 따르는 사람을 찾는다

원하는 것이 있다면 그것을 이룬 사람의 세계로
뛰어들기만 하면 된다.

5일

행운이 따르는 사람을 찾는다

'행운이 따르는 사람과 사귄다.'

이는 성공을 손에 넣기 위해 필수 불가결한 핵심 포인트다.

사람은 사귀고 있는 상대의 사고나 감정에 동화되어 어느덧 비슷한 사고방식과 행동방식을 갖게 되는 법이다. 즉 행운이 따르는 사람과 함께 있으면 무의식중에 운을 거머쥘 수 있는 자기 자신을 만들 수 있다는 이야기다.

따라서 '운을 손에 넣어 성공하고 싶다'면 운이 따르는 사람과 사귀

는 것이 좋다.

하지만 그렇다고 해서 오늘 당장 운이 따르는 사람과 친구가 되는 것은 어려운 일이다.

먼저 당신이 알고 지내는 사람 중 운이 좋은 사람을 찾는 일에서 시작하자.

그리고 또 한 가지 중요한 것은 **운에는 종류가 있다는 것**이다. 돈에 운이 따르는 사람, 인간관계에 운이 따르는 사람, 승부를 거는 일에 운이 따르는 사람, 취미 세계에서 운이 따르는 사람 등 다양하다.

이것은 만약 당신이 부부 사이를 좋게 하고 싶다면 금실이 좋은 사람들과 사귀기만 하면 된다는 뜻이다. 뇌는 부부 사이를 원활히 유지하기 위한 사고와 감정을 학습할 것이 틀림없으므로 당신은 반드시 화목한 가정을 이룰 수 있다.

돈에 운이 따르기를 바란다면, 부자들과 사귀면 돈에 대한 긍정적인 이미지가 기억 데이터에 점점 축적되어 돈을 벌기 위한 능력을 마음껏 발휘할 수 있는 뇌 상태가 된다.

일에 대한 운을 손에 넣어 일류 비즈니스맨이 되고 싶다면 우수한 비즈니스맨과 사귀면 되는 것이다.

당신은 어떤 운이 따르는 사람이 되고 싶은가?

그리고 그 운을 당신에게 가져다줄 사람은 누굴까?

오늘은 그 사람을 찾는 작업을 해보자. 그리고 내일부터는 운이 따르는 사람의 호감을 살 수 있게 자기 자신의 인간적 매력을 닦아 보자.

왜냐하면 운이 따르는 사람은 사귈 가치가 있는 사람하고만 사귀기 때문이다.

운이 따르는 사람과 친분관계를 쌓아 깊은 유대를 맺기 위해서는 자신의 가치를 높이고 계속 성장할 필요가 있다.

운은 사람에서 사람으로 전염된다.

 내일을 위한 습관 하나!

check!
- ☐ 자신이 어떤 운이 따르기를 바라는지 생각해 본다. 그리고 그 운을 가진, 당신 주변의 사람을 찾아본다.

6일

소원해진 은인을 떠올린다

지금 그분은 무엇을 하고 있을까?
한번쯤 생각해 본 적이 있는가?

6일
소원해진 은인을 떠올린다

오늘은 '과거에 많은 도움을 받았는데 지금은 사이가 소원해진 분'에 대해 생각해 보자.

혹 '트라우마'라는 말을 들어 본 적이 있는가?

이 말은 정신분석학자 프로이트가 그의 저서에서 사용한 용어로 우리말로는 '정신적 외상'이라고 풀이한다.

일반적으로 비참하고 괴로운 사건으로 인한 충격이 오랜 세월에 걸쳐 마음의 상처가 된 것을 가리킨다.

그러나 트라우마를 만들어 내는 것은 공포나 괴로움만이 아니다. **'자신의 염치없음에서 오는 트라우마'라는 것도 있다.**

사람은 보통 사이가 소원해진 은인을 잊고 산다.

그러나 사실 잊고 있는 것은 뇌의 의식의 부분일 뿐이다. **잠재의식에서는 결코 잊지 않고 있다.**

뇌는 사랑으로 지도해 준 분이나 자신을 위해 마음을 써 준 사람에게 은혜를 갚지 않고 있는 '염치없는 자신'을 전부 기억하고 있다. 이 때문에 부정적인 기억이 방해가 되어 행운을 자신으로부터 멀어지게 한다.

이 '염치없는 트라우마'를 극복하려면 은혜를 갚지 못한 은인을 만나러 갈 필요가 있다. 그리고 "지금 내가 이 자리에 이렇게 있을 수 있는 것은 당신에게 은혜를 입었기 때문입니다"라고 감사의 말을 한다.

만약 그 은인이 이미 세상을 떠났다면 은인의 묘를 참배하고 감사의 마음을 바친다.

'감사의 말을 하는' 행위를 통해 '염치없는 트라우마'는 마치 씌었던 귀신이 떨어져 나가듯이 해소된다.

본인이 깨닫지 못하는 잠재의식 속에서 부정적인 기억으로 품고 있었던 '염치없는 트라우마'로 부터 해방된 당신은 매사에 감사할 수 있는 사람으로 크게 성장할 수 있다. 그리고 행운을 타고난 사람으로 탈바꿈하게 된다.

그렇다면 오늘은 은인을 만나러 가기 전에 우선 '사이가 소원해진 은인'을 떠올려 보자.

그리고 가능한 한 빠른 시일 내에 그분을 만나서 감사의 마음을 분명하게 전하자.

은인을 생각하고 그분에게 감사하라.

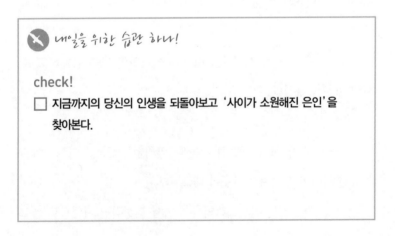

내일을 위한 습관 하나!

check!
☐ 지금까지의 당신의 인생을 되돌아보고 '사이가 소원해진 은인'을 찾아본다.

7일

남의 눈을 철저하게 의식한다

'누군가 나를 보고 있다' 는 생각이
당신을 바꾼다.

7일

남의 눈을 철저하게 의식한다

'아무리 노력해도 상사가 인정해 주지 않는다.'

'저 사람보다 내가 능력이 더 뛰어난데, 왠지 저 사람만 좋은 평가를 받는다.'

당신은 혹 이런 불만을 품고 있지 않는가?

재능이 있는데도 주위에서 인정받지 못하는 것은 재능이 없어서 인정받지 못하는 것보다 훨씬 비참하다.

조금 가혹하게 말하면 **아무리 뛰어난 재능을 갖고 있어도 주위 사람들이 그 재능을 인정해 주지 않으면 재능이 없는 것과 마찬가지다.**

이를 좀 더 분명하게 말하면 실제로 우수한 것보다 '저 사람은 우수하다'고 평가받는 것이 훨씬 중요하다는 말이다.

'사람은 겉보다 속이 중요하다'는 옛말이 있지만 **운에 관해서는 속보다 겉(평판)이 중요하다.**

왜냐하면 운은 남이 가져다주는 것이기 때문이다. 아무리 우수하고 열심히 노력하는 사람이라도 그렇게 보이지 않는 사람에게는 그 누구도 좋은 운을 가져다주지 않는다.

그렇다면 해야 할 일은 아주 간단하다.

'어떤 사람으로 봐 주기를 원하는지' 이미지를 떠올리고 그렇게 보이도록 행동하면 된다. 나는 이것을 '이미지 디자인'이라고 한다.

'자신이 적극적인 사람'이라고 봐 주기를 바란다면 적극적인 사람의 행동, 말투, 행동거지, 복장은 어떤지를 생각하면서 캐릭터를 창조해 그 캐릭터로 변신하는 것이다.

사실 성공한 사람들은 모두 자기 나름의 이미지 디자인을 실천하고 그 결과 행운을 자신의 것으로 만들고 있다.

'하지만 겉만 그럴듯하고 알맹이가 없다면……' 하고 걱정할 수도 있다.

그러나 그런 걱정은 필요 없다.

슈퍼컴퓨터에 버금가는 기능을 가진 우리의 뇌는 이미지 디자인에 따라 남에게 받은 평가에 민감하게 반응한다.

'저 사람은 끈기가 있다'거나 '그는 능력이 뛰어나다'는 등 다른 사람들로부터 좋은 평가를 받는 동안 뇌는 실제로 그런 사람이 되기 위해 능력을 발휘한다.

자신의 이미지 디자인 만들기에 성공하면 어느샌가 디자인한대로 행동하게 된다는 것이다.

스스로의 이미지를 디자인 해보라.
반드시 그렇게 된다.

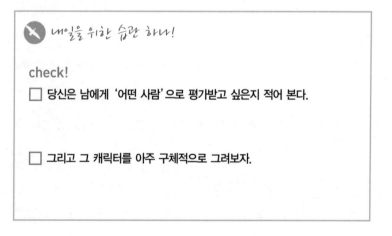

내일을 위한 습관 하나!

check!
☐ 당신은 남에게 '어떤 사람'으로 평가받고 싶은지 적어 본다.

☐ 그리고 그 캐릭터를 아주 구체적으로 그려보자.

8일

남에게 기쁨을 준다

남에게 기쁨을 주는 만큼
당신에게 기쁨이 찾아온다.

8일

남에게 기쁨을 준다

사람의 행복에는 두 종류가 있다.

'자신을 기쁘게 하는 행복'과 '남을 기쁘게 하는 행복'이다.

물론 전자는 절대적으로 필요하다. 꼭 철저하게 추구하기 바란다.

단, 자신을 기쁘게 하는 행복에는 한계가 있다.

예를 들어 가난했던 사람이 많은 돈을 벌어 부자가 되면 처음에는 너무 기뻐서 어쩔 줄 모르지만 결국에는 돈에 질리게 된다. 그리고 돈을 벌기 위한 동기도 어느샌가 저하된다.

더욱이 사람은 자기 자신만 충족된 느낌이 들면 '이래도 괜찮은 걸까' 하는 혼란과 고독감, 불안감과 같은 부정적인 감정이 고개를 든다.

이는 사람이 사회적 동물이라는 점과 타인과의 관계 속에서만 살아갈 수 있는 생물이라는 점이 크게 영향을 미치고 있다.

후자의 남을 기쁘게 하는 행복은 사람이 가지고 있는 본능이기도 하다.

우리의 뇌에는 기뻐하는 사람의 얼굴을 보면 마치 자신의 일처럼 기쁨을 느끼는 불가사의한 작용이 있다.

게다가 자신을 기쁘게 하는 행복과 달리 남을 기쁘게 하는 행복에는 한계가 없다.

부부가 행복을 공유하면 두 사람 몫의 기쁨을, 4인 가족이라면 네 사람 몫의 기쁨을 얻을 수 있다. 기업으로 말하면 '한 사람의 고객을 기쁘게 하고 싶다', '50명의 고객을 기쁘게 하고 싶다', '1000명의 고객을 기쁘게 하고 싶다' ……로 무한한 행복을 추구할 수 있다.

이 세상을 둘러보면 크게 성공한 후에 환경보호 활동이나 사회적 약자에 대한 구제사업과 같은 사회공헌에 열심인 경영자들을 많이 볼 수 있다.

그들도 과거에는 '자기 자신의 행복'이나 '자기 회사의 행복'만을 추구하고 정신없이 앞만 보고 달렸을 것이다. 그러나 어떤 시점에서 '세계를 위해', '남을 위해' 노력하는 행복을 발견했을 것이다.

'누군가를 위해서'라는 욕구는 사람의 동기부여를 높인다. 그렇기 때문에 **남을 기쁘고 행복하게 하는 사람에게는 더 많은 행운이 찾아오는 것이다.**

당신은 오늘 하루 몇 사람을 기쁘게 했는가?

오늘 하루뿐만 아니라 앞으로 날마다 남을 기쁘게 한 횟수를 헤아려 보기 바란다. 그러다 보면 무의식중에 '더욱 많은 사람들을 기쁘게 하는 행동'을 하게 될 것이다. 그러는 동안 당신은 자연스레 행운이 따르는 사람이 될 수 있다.

남을 기쁘게 하면 당신의 행복도 무한대가 된다.

내일을 위한 습관 하나!

check!

☐ 오늘 하루, 당신은 몇 명의 사람을 기쁘게 했는가?

☐ 더 많은 사람을 기쁘게 할 방법에는 어떤 것이 있을까?

9일

끈기있게 생각해 본다

무척 간단한 목표 달성법이지만,
아무도 시도하지 않는 방법이 바로 이것이다!

9일
끈기있게 생각해본다

무언가를 성취하려고 할 때 사람은 목표를 세운다.

목표를 세울 때는 희망에 넘쳐 가슴이 두근두근하지만 일주일, 한 달, 시간이 지남에 따라 처음의 굳은 의지는 점점 약해지다가 끝내는 잊어버리게 된다.

'오늘부터 다이어트를 하자!'고 결심해 놓고 그날 저녁 "에이, 내일부터 하면 되지 뭐" 하고 팽개쳐 버리는 따위의 일도 드물지 않다.

내가 하는 브레인 트레이닝에서는 목표를 세우는 동시에 그 사람이 좋아하는 것, 예컨대 담배나 술, 오락 따위를 끊도록 하는 경우가 있다.

그렇게 하면 '아주 좋아하는 것을 희생해서라도 이 목표를 달성하겠다'는 굳은 결의가 생기고 의지가 강해진다.

이는 '자기 자신과의 약속으로 쐐기(앵커)를 박는다'는 의미에서 '앵커링(anchoring)'이라고 한다.

때때로 목표 달성의 노하우를 기록한 책을 보면 '목표를 달성하고 싶다면 그 목표를 종이에 적어 눈에 띄는 곳에 붙여 두자'고 조언하고 있다. 하지만 보통 사람이라면 그저 목표를 세우는 것만으로는 그 노력을 지속하기가 어렵다.

그런데 마음속에 굳게 쐐기를 박은 사람에게는 '고통'이 '즐거움'이 되고 목표 달성에 대해 줄곧 생각할 수 있는 힘이 있다.

이 '줄곧 생각하는 힘', 즉 '생각의 끈기'가 새로운 지혜와 아이디어, 용기 있는 행동의 원동력이 된다.

생각의 끈기야말로 성공의 밑거름인 것이다.

먼저 오늘 하루의 목표를 정하고 좋아하는 것을 한 가지 참아 보자.

담배를 피우는 사람이라면 평소라면 근무 중에 몇 번이나 피웠을 담배를 참아 보자. '피우고 싶다'는 생각이 들 때마다 오늘의 목표가 이미지로 떠올라 '좋아, 힘내자!' 라는 마음이 들 것이다.

끈기있는 생각이 성공의 밑거름이다.

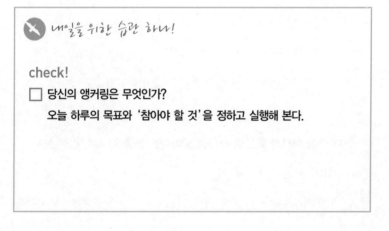

내일을 위한 습관 하나!

check!
- [ ] 당신의 앵커링은 무엇인가?
  오늘 하루의 목표와 '참아야 할 것'을 정하고 실행해 본다.

10일

이 세상은 놀이공원이라고 생각한다

일도 디즈니랜드의 놀이기구를 타는 것처럼
즐겁다고 상상해 본다면?

10일
이 세상은 놀이공원이라고 생각한다

당신은 혹시 평소에 늘 '괴롭다', '힘들다', '고생스럽다'와 같은 말을 입버릇처럼 달고 살지 않는가?

한번 곰곰이 생각해 보기 바란다.

앞에서도 말했듯이 부정적인 말을 입에 올릴 때마다 잠재의식에 부정적인 데이터가 점점 축적된다. 그리고 마침내 당신의 뇌는 어떤 일에 대해서도 '불가능하다', '무리다'라고 포기하고 만다.

이런 마음가짐으로는 결코 성공을 손에 넣을 수 없다.

하지만 대부분의 사람들은 날마다 '힘들다, 괴롭다'고 한탄한다.

원래 인생에서 진짜 괴롭고 힘든 일은 어머니의 자궁을 빠져나와 태어날 때와, 죽을 때를 포함해 전부 세 번밖에 없다.

따라서 살아가는 중에 정말로 괴로운 때는 앞으로 한 번뿐이다. 그 이외의 괴로움과 고통은 결코 대단한 것이 아니다.

실은 그다지 괴롭지 않은 것까지 뇌 속에서 '크나큰 괴로움'으로 꾸며 내고 있는 것이다.

한편, 성공한 사람들은 괴로운 일이 있어도 그 괴로움을 즐기고 두근두근한 것으로 만드는 실로 묘한 능력을 갖고 있다.

나는 이 능력에 **'괴로움을 즐기는 힘(苦樂力, 고락력)'**이라는 이름을 붙였다.

뇌는 '가슴이 두근두근하다는 것'을 알아차리면 호르몬에 의해 활성화된다. 그러면 기억력, 창의력, 행동력이 높아져 성공에 성큼 다가설 수 있다.

성공하니까 가슴이 두근두근하는 것이 아니다.

두근두근하니까 성공하는 것이다.

이 성공을 불러들이는 '괴로움을 즐기는 힘'을 익힐 때 도움이 되는 것이 '놀이공원에서의 사람의 심리'다.

놀이공원에서는 괴로움이나 고통도 엔터테인먼트의 대상이다.

롤러코스터처럼 절규가 터져 나오는 놀이기구는 물론이고 심지어 돈을 내면서도 스릴이나 공포를 맛보기 위해 유령의 집 앞에는 사람들이 장사진을 이룬다.

이 스릴과 공포까지도 즐기려는 '놀이공원에서의 기분'을 일상생활에 가져오자.

'하루하루의 생활과 업무를 놀이공원이나 테마파크처럼 즐긴다'는 발상이 가능하면 고통(苦)이 즐거움(樂)으로 바뀐다.

지금까지 '싫다', '괴롭다'고 말해 왔던 인간관계, 비즈니스상의 트러블, 엄청난 업무량 등 여러 가지 복잡다단한 일들에 대해 '좋았어! 즐기면서 한다!'는 기분으로 전념할 수 있다.

물론 이를 하루아침에 완벽하게 소화할 수는 없다.

오늘부터 생각이 날 때마다 머릿속으로 반복하자.

'이 세상은 놀이공원이다. 즐기자!' 라고.

생각 하나만으로 괴로움이 즐거움으로 바뀐다.

내일을 위한 습관 하나!

check!
- [ ] 일상을 놀이공원이라고 상상하고 '괴로운 일'을 가슴 두근두근하게 즐긴다.

기회는 성공의 씨앗이다.

기회를 거머쥔 자는 행운의 밭에 살고

기회를 놓친 자는 언제까지나 비운의 밭에서 살아간다.

좌절감을 느끼는 것은 당신의 목표가 크기 때문이다.

좌절감을 극복하면

다른 사람에게는 없는

강한 자신감이 싹튼다.

그리고 반드시 당신은 성공한다.

오늘 이 좌절감을

충분히 음미하자.

상상해 보자.

'나는 운이 좋다'고.

나는 어마어마하게 커다란

행운과 축복을 받고 태어났다.

나는 사람과의 만남의

고마움을 알고 있다.

내게는 아무리 힘들 때도

꿈을 믿는 힘이 있다.

아, 나는 얼마나 운이 좋은 사람인가.

고마워요.

고마워요.

고마워요.

당신의 웃는 얼굴이,

당신의 기쁨이

내게 살아가는 힘을 준다.

당신의 행복이

내 행복을 한없이 깊고 크게 만든다.

고마워요.

고마워요.

고마워요.

내게 생명을 주신 것을

진심으로 감사드립니다.

당신에 대한 은혜를 느끼는 힘이

모든 사람에 대한 상냥함의 원천입니다.

고마워요.

고마워요.

고마워요.

11일

'아침의 말'과 '저녁의 말'을 정한다

하루의 시작도 끝도 좋은 말로.

11일

'아침의 말'과 '저녁의 말'을 정한다

열심히 활동하는 현역 프로 스포츠 선수도, 학교에서 체육 수업을 받는 아이들도 운동 전에는 반드시 스트레칭이나 가벼운 달리기와 같은 워밍업으로 몸을 움직이기 쉬운 상태로 만든다.

몸을 수월하게 움직이기 위해서는 이런 준비운동이 필요하듯이 **마음과 뇌의 활동을 원활하게 하기 위해서도 워밍업은 효과적이다.**

'오늘은 운이 좋다!'

'정말로 운이 따른다!'

이같은 말로 잠재의식에 긍정적인 이미지를 심어보자. 기분을 고양시키고 뇌를 두근두근하게 만드는 것이다.

하루의 시작인 아침에 이렇듯 기분을 고양시키면 뇌가 활성화되어 에너지가 넘치고 모든 일에 적극적으로 도전할 수 있다.

예로부터 아침에 눈을 뜨면 신단이나 불단을 향해 두 손을 합장하고 "오늘도 건강하게 보낼 수 있도록", "부디 잘 보살펴 주시길" 하고 빌면서 하루를 시작하는 사람들이 있었다. 이런 행동은 일종의 '마음의 워밍업'이다.

오늘은 꼭 긍정적인 '아침의 말'로 뇌를 워밍업한 후 하루를 시작하는 습관을 익히기 바란다.

'오늘은 운이 좋을 것이다', '오늘도 멋진 하루가 될 것이다'와 같은 말을 기본으로 하면 된다. 예를 들어 낮에 중요한 프레젠테이션이 있는 날이라면 "오늘의 프레젠테이션은 성공할 것이다!"라고 큰 소리로 자신에게 외친다.

자, 이것으로 마음과 뇌의 준비운동은 완벽하게 마친 셈이다. 바로 행동을 개시하자!

그리고 운동을 마친 후에 정리운동으로 쿨다운을 하듯이 자기 전에도 '밤의 말'로 마음을 바람직한 상태로 가다듬자.

사람의 뇌는 자고 있는 동안에도 활동하므로 자기 직전의 감정을 최고 상태로 조절하는 것은 대단히 중요하다.

그날 있었던 안 좋은 일, 불쾌한 체험과 같은 부정적인 기억을 '오늘 하루 운이 좋았다', '기분 좋은 하루였다'는 긍정적인 기억으로 바꿔 잠재의식에 저장하자.

좋은 아침과 밤은 활기찬 하루를 가져다준다.

내일을 위한 습관 하나!

check!

☐ 당신의 아침의 말을 정한다.

☐ 당신의 저녁의 말을 정한다.

12일

소중한 사람에게 자신의 꿈을 말한다

꿈을 꿀때는 리얼하게 하라.
그러면 진짜 '리얼'이 된다.

12일

소중한 사람에게 자신의 꿈을 얘기한다

끊임없이 자신의 꿈을 이야기하면 마침내 모든 것이 현실이 된다.

세계적으로 유명한 혼다자동차를 만들었던 혼다 소이치로(本田宗
一郎)회장을 예로 들어보자.

1954년 그는 전 종업원들을 향해 "맨섬(영국)에서 개최되는 오토
바이 레이스에 출전해 우승을 노린다"는, 누구나 '말도 안 되는 소
리'라고 여길 법한 터무니없는 꿈을 선언했다. 그리고 그로부터 불
과 7년 후 혼다 오토바이는 무려 125cc와 250cc 두 부문에서 1위에
서 5위까지 우승을 독점했다.

소프트뱅크의 손정의 회장도 마찬가지다.

소프트뱅크 초창기에 무슨 일이 있을 때마다 "두부가게처럼 1조(丁, 일본에서는 두부 세는 단위인 초(丁)를 조(兆)와 똑같이 발음한다 – 옮긴이), 2조라는 단위로 돈을 움직이는 비즈니스를 할 것"이라고 줄곧 말해 왔다. 그 후의 가파른 사업 성장세를 여러분도 잘 알고 있을 것이다.

진심을 담아 꿈을 말하면 그 이미지가 점점 현실로 이루어진다.

그리고 만약 자신의 꿈을 말하는 상대가 사랑하는 사람이나 진심으로 신뢰하는 사람이고 그 사람이 당신의 말에 열심히 귀를 기울이면서 웃는 얼굴로 고개를 끄덕여 준다면 당신의 마음은 이미 꿈의 반은 이룬 것처럼 기쁨으로 가득 찰 것이다.

이처럼 가슴이 두근두근한 상태에서 꿈을 이야기하고 리얼하게 이미지화하면 뇌는 그 이미지가 '단순한 이미지'가 아니라 '지금 실제로 체험하고 있는 현실'이라고 착각한다. 그리고 그 이미지를 실행하기 위해 온 힘을 다해 활동하기 시작한다.

자고 있는 동안 아주 생생한 꿈을 꾸었을 때를 떠올려 보자.

그 꿈이 즐거운 꿈이었든 무서운 꿈이었든 당신은 마치 정말로 그 꿈을 체험한 듯한 기분이 들 것이다. 이것이 바로 '뇌는 리얼한 이미지에 속는다'는 현상의 전형적인 예다.

즉 진심을 담아 꿈을 말하는 것은 성공을 향해 막강한 효과를 발휘하

는 이미지 트레이닝의 하나다.

만약 오늘 당신이 소중한 사람에게 꿈을 얘기할 상황이 아니라면 누구라도 좋으니 자신의 꿈에 대해 말해 본다.

혹은 꿈을 자세히 적어 보기 바란다.

늘 꿈을 떠올리고 상상하라. 그리고 그것을 말하고 적어보라. 꿈을 실현하려는 각오가 점점 더 강화될 것이다.

말하는 행동이 꿈에 대한 각오를 강화한다.

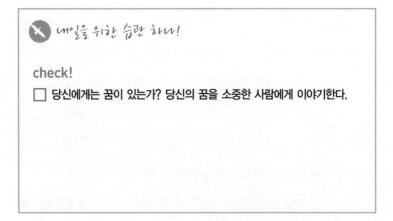

내일을 위한 습관 하나!

check!

☐ 당신에게는 꿈이 있는가? 당신의 꿈을 소중한 사람에게 이야기한다.

13일

꿈이 가지고 있는 '진정한 목적'에 대해 생각한다

목표를 이루기 위해서는 괴로움이 뒤따른다.
하지만 목적이 있으면 그것을 이겨나갈 수 있다.

13일

꿈이 가지고 있는
'진정한 목적'에 대해 생각한다

당신은 어떤 꿈을 갖고 있는가?

'1년 후에 사내에서 최고 영업사원이 되어 팀 리더가 된다.'

'3년 후에는 내 집을 짓는다.'

이처럼 수치로 나타낼 수 있는 '명확한 목표'는 꿈을 실현하는 데 절대적으로 필요하다.

반드시 구체적인 목표를 설정하고 그 목표를 달성하기 위해 어떻게 하면 좋을지를 늘 생각하고 행동하는 것이 바람직하다.

그러나 꿈을 이루기 위해서는 또 한 가지 아주 중요한 것이 있다.

그것은 왜 그 꿈을 이루고 싶은가 하는 '목적'이다.

'매출을 올림으로써 지역 주민들에게 공헌하고 싶다.'

'팀 동료들과 기쁨을 나누고 싶다.'

'연로하신 부모님이 여유로운 생활을 보낼 수 있도록 해 드리고 싶다.'

이 같은 목적은 사람의 마음을 두근두근하게 만들어 목표 달성을 위한 동기를 부여한다.

그리고 목표를 달성하는 과정에서 힘든 일에 부딪혀도 그 괴로움을 극복할 수 있도록 도와준다.

베이징 올림픽에서 우승한 일본 여자 소프트볼 대표팀에게 금메달을 따는 일은 '목표'일 뿐이었다. 그러나 **그녀들에게는 이런 '목표' 뿐만 아니라 소프트볼을 하고 있는 일본 전국의 어린이들에게 꿈과 희망을 주고 싶다는 보다 확고한 '목적'이 있었다.**

그렇기에 날마다 이어지는 혹독한 트레이닝을 견디고 세계 최강 팀을 이길 수 있었던 것이다.

사람은 자기 자신만의 만족을 위해 생각하고 행동할 때는 그 행동에 자신감을 갖지 못하는 경우가 있다.

왜냐하면 사람의 뇌는 과거의 실패 체험이 축적된 기억 데이터 때문에 자기 자신을 믿을 수 없게 돼 있기 때문이다.

그러나 자기 자신 이외의 누군가를 행복하게 만들고 싶다고 진심으로 생각하고 이를 목적으로 삼고 행동할 때는 '내 행동이 올바르다' 는 확신을 가질 수 있다.

목표와 목적. 얼핏 보면 아주 비슷한 단어지만 그 내용은 크게 다르다.

목적이 분명한 꿈은 어떤 어려움도 이겨낼 수 있다.

내일을 위한 습관 하나!

check!
☐ 당신의 '목표'를 구체적으로 적는다.

☐ 그 목표를 실현시키는 '목적'을 구체적으로 적는다.

14일

아무 것도 생각하지 않는다

풀리지 않으면 아예 생각하지를 마라.
때론 그런 날도 필요하다.

14일

아무 것도 생각하지 않는다

보통 사람들은 실패했을 때나 일이 잘 풀리지 않을 때 '왜 그런 바보 같은 일을 저지른 걸까', '어째서 잘되지 않은 걸까' 하고 끙끙거리며 고민하기 일쑤다.

그리고 '반성하면 아마도 이 좋지 않은 상황에서 벗어날 수 있다'고 믿고 실패한 직후나 슬럼프에 빠졌을 때 아주 열심히 반성한다.

그러나 슬럼프에 빠졌을 때나 실패로 침울해져 있을 때의 뇌는 부정적인 감정이나 이미지로 가득 차 있다.

그런 상태의 뇌로는 아무리 생각해도 놀라운 깨달음도 건설적인 아이디어도 떠오를 리 만무하다.

그럴 때는 어떻게 해야 할까?

답은 **아무것도 생각하지 않는 것이다.**

성공한 경영자들은 일이 잘 풀리지 않을 때나 상황이 좋지 않을 때는 결코 반성 따위는 하지 않는다.

그들은 **그저 행동한다.**

일류 스포츠 선수들도 슬럼프에 빠졌을 때는 아무것도 생각하지 않고 오직 단순한 트레이닝에 몰두한다.

일이 잘 풀리지 않을 때는 아무것도 생각하지 말고 그저 행동하는 것이 가장 좋다는 사실을 알고 있는 것이다.

그렇다면 반성하지 않아도 좋다는 말인가? 그렇지는 않다.

최고의 컨디션일 때 꼭 반성하기 바란다.

모든 것이 술술 풀리고 있을 때 사람의 뇌는 '성공하는 뇌'가 된다. 그리고 그때는 사고력도 직감력도 창조력도 아주 높은 수준에 있다.

그러므로 문제점을 분석하는 것도 해결책을 찾는 것도 순조로울 것이다.

그리고 반성한 후에는 내일을 위한 적극적인 결의를 표명하자.

결의를 표명함으로써 빚어지는 긍정적인 사고와 감정, 이미지가 당신의 능력을 더욱 길러 줘 반드시 좋은 결과를 낳을 것이다.

슬럼프에 빠졌을 때는 그저 행동한다.

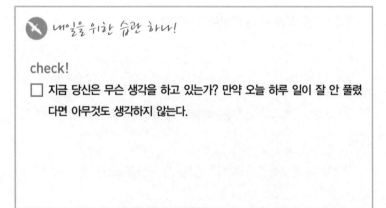

내일을 위한 습관 하나!

check!
☐ 지금 당신은 무슨 생각을 하고 있는가? 만약 오늘 하루 일이 잘 안 풀렸다면 아무것도 생각하지 않는다.

15일

돈을 철저히 사랑해 본다

돈의 훌륭함과 소중함을 생각하라.
그것이 돈을 부른다.

15일
돈을 철저히 사랑해 본다

확실한 것은 돈은 인생의 전부가 아니며 이 세상에는 돈 이상의 가치를 가진 것들이 많이 있다는 사실이다.

그러나 돈은 자신이 바라는 삶을 살고 꿈을 현실화하고 주위 사람들에게 공헌하기 위한 수단으로 없어서는 안 될 매우 소중한 것이다.

성공한 사람들은 모두 이런 사실을 잘 알고 있기 때문에 늘 돈에 감사하고 돈을 소중히 여긴다.

그리고 인간관계를 소중히 여기는 사람의 주위에 사람이 모여들 듯,

돈도 돈을 소중히 여기는 사람에게 모여든다.

반대로 '돈은 더럽다', '나쁜 짓을 하지 않는 한 부자가 될 수 없다'처럼 돈에 대해 부정적인 이미지를 갖고 있는 사람이나 돈을 소중하게 생각하지 않는 사람에게 결코 돈은 모이지 않는다.

여기서 문제가 되는 것은 본인도 알지 못하는 잠재의식 속에 주입돼 있는 돈에 대한 부정적인 이미지다.

잠재의식 속에 돈에 대해 부정적인 감정을 갖고 있으면 뇌가 돈을 싫어해 무의식중에 돈을 멀리하고 만다.

또 '나는 돈을 버는 데 서툴다'는 체념 의식이 잠재의식 속에 있으면 혹 돈이 생길 기회가 찾아와도 이미 체념해 버린 뇌가 기능하지 않기 때문에 모처럼의 기회를 놓치게 된다.

그러므로 오늘은 당신의 잠재의식 속에 '돈의 소중함과 훌륭함'을 주입시키는 훈련을 하자. 훈련이라고 해서 거창한 것은 아니다.

그저 종이를 준비하고 돈의 **'바람직한 사용처'를 생각나는 대로 많이 적어 보는 것이다.**

- 공부를 하기 위한 책을 살 수 있다.
- 가난한 나라의 아이들을 도울 수 있다.

• 가족에게 선물을 사 줄 수 있다.

돈이 있어 생기는 '좋은 일'을 계속해서 이미지화하는 동안에 잠재의식은 돈에 대해 긍정적인 이미지를 갖는다.

오늘 하루만이 아니라 이 훈련을 지속적으로 실행할 것을 권한다.

그러면 당신의 뇌는 반드시 '돈에 운이 따르는 뇌'로 바뀌어 갈 것이다.

돈을 소중히 여기는 사람에게 돈이 찾아온다.

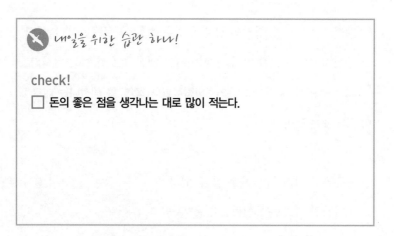

내일을 위한 습관 하나!

check!
☐ **돈의 좋은 점을 생각나는 대로 많이 적는다.**

16일

마음의 버팀목이 되는 사람을 찾는다

힘들때면 '그'를 생각하라.
그가 신이 되어 당신을 도와줄 것이다.

16일

마음의 버팀목이 되는 사람을 찾는다

사람이란 어떤 면에서 불가사의한 생물체이기도 하다. 자기 자신만을 생각하면 도중에 '불가능하다', '무리다'라고 포기해 버릴 곤란한 일도 **'누군가를 위해서'** 한다고 생각하면 완수할 수 있다.

따라서 브레인 트레이닝에서는 '마음의 버팀목이 되는 서포터'를 반드시 설정하도록 지도하고 있다.

마음의 버팀목으로 어울리는 사람은 '당신의 성공을 자신의 일처럼 기뻐해 주는 사람', '무슨 일이 있어도 당신을 계속 지켜봐 주는 사람', '이 사람을 행복하게 해 주고 싶다고 당신이 진심으로 생각하는 사람', 바로 이런 사람들이다.

괴로울 때도, 힘들 때도, 포기하려고 할 때도, 마음의 버팀목이
되는 사람의 모습을 그리면 뇌는 긍정적인 감정이나 이미지로 가득
차 힘이 솟아나고 잠재능력을 유감없이 발휘할 수 있다.

망설임이 생겼을 때도 마음의 버팀목이 되는 사람이 힘이 되어
주저하지 않고 행동을 취할 수 있다.

마음의 버팀목이란 말하자면 '자신만의 신' 과 같은 존재다.

그렇다면 어떤 사람을 마음의 버팀목으로 삼으면 좋을까?

먼저 지금까지의 인생을 돌아보고 신세를 진 사람들을 생각해 보
자. 이미 돌아가신 분이라도 상관없다.

초등학교 시절에 따뜻한 말을 건네 주셨던 선생님.

업무의 기초를 알려 주었던 회사 선배.

그중에서 '가장 행복하게 해 주고 싶은 사람' 을 한 사람 선택
한다.

그 사람이 당신의 마음의 버팀목이다.

마음의 버팀목으로 여러 사람을 설정하면 이미지가 흔들리기 쉽다.
여기서는 아쉽겠지만 반드시 한 명으로 압축하는 것이 좋다.

그리고 오늘부터 '늘 지켜봐 주셔서 감사합니다', '당신을 행복하게 하기 위해 힘내겠습니다' 라고 자신에게 말을 해 보자. 그리고 이것을 습관화하자.

덧붙여, 내가 지도하고 있는 사람들이 마음의 버팀목으로 가장 많이 꼽는 사람은 부모님과 은사, 배우자다. 그중에서도 어머니가 압도적으로 많다.

내 마음의 버팀목 역시 어머니다.

'누군가를 위해서' 한다고 생각하면 힘을 낼 수 있다.

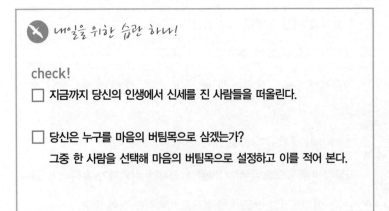

내일을 위한 습관 하나!

check!
☐ 지금까지 당신의 인생에서 신세를 진 사람들을 떠올린다.

☐ 당신은 누구를 마음의 버팀목으로 삼겠는가?
  그중 한 사람을 선택해 마음의 버팀목으로 설정하고 이를 적어 본다.

17일

가치관의 차이를 즐긴다

똑같은 건 지루하다.
다른게 있어야 진보도 있고 행운도 있다.

17일

가치관의 차이를 즐긴다

오늘은 당신의 파트너에 대해 생각해 보자.

TV에서 연예인의 이혼을 발표하는 기자회견을 보고 있노라면 가치관의 차이나 성격 차와 같은 틀에 박힌 말이 종종 등장한다.

그러나 내 생각에 평생 같이 살아도 부부의 가치관과 성격이 맞지 않는 것은 어쩌면 당연한 일이다.

나는 결혼한 지 36년이 지났지만 아내와는 가치관도 성격도 판이하게 다르다.

가치관이 다른 두 사람이 서로 의지하고 서로 다른 부분을 배우기에

부부는 즐거운 것이다. 성격이 맞지 않으니까 서로 조율해 애정을 키울 수 있다.

이것은 직장이나 조직 등에서의 인간관계도 마찬가지라고 할 수 있다.

대부분의 사람들이 '가치관이 비슷한 사람과 사귀는 것이 가장 좋다'고 생각하는 듯한데 사실은 그렇지 않다.

가치관이나 성격이 비슷한 사람끼리 사귀면 분명 마음은 편하겠지만 **유감스럽게도 그곳에 발전은 없다.**

사람은 가치관이 맞지 않는 사람, 성격이 다른 사람을 접하고 서로 다른 가치관이나 성격을 조율하는 능력을 익히면서 성장해 가는 것이다.

만일 당신이 지금 운이 따르지 않는 사람이라면 당신의 가치관은 운이 따르는 사람의 가치관과 크게 다를 것이다.

따라서 아무리 노력해도 노력한 만큼 그 대가를 돌려받을 수 없을 것이다.

그렇다면 자신과 전혀 다른 가치관이나 성격을 가진 사람들과 적극적으로 사귀어 보기를 권한다.

이 또한 운을 부르는 중요한 원칙이다.

중요한 것은 가치관의 차이를 여유 있게 즐기면서 사귀는 것이다.

이 '가치관이나 성격의 차이를 즐기는 습관'을 익히면 지금까지 '싫다', '거북하다'고 생각했던 사람과도 '음, 그런 식으로 생각하는구나', '재미있네'라는 긍정적인 감정으로 접할 수 있다.

가치관이 다른 사람과의 교제가 행운을 부른다.

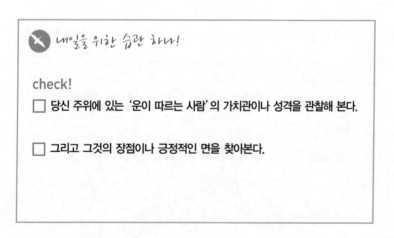

내일을 위한 습관 하나!

check!

☐ 당신 주위에 있는 '운이 따르는 사람'의 가치관이나 성격을 관찰해 본다.

☐ 그리고 그것의 장점이나 긍정적인 면을 찾아본다.

18일

'3초의 룰' 로 기회를 부른다

생긋, 하고 웃어라.
그리고 이렇게 말하라, "이번 일은 없었던 거야"

18일

'3초의 룰'로 기회를 부른다

실패를 했을 때나 불쾌한 일이 있을 때 당신은 어떤 표정이나 제스처를 취하는가?

아마도 '눈살을 찌푸린다, 한숨을 쉰다, 어깨를 움츠린다'와 같은 다양한 답이 나올 것이다.

그런데 그와 같은 표정이나 제스처를 만들어 내는 근육의 움직임을 통제하고 있는 것은 뇌의 가장 안쪽에 있는 부위다.

이 부위는 우리가 기쁠 때 생긋 웃으면 '이 표정은 기쁠 때 짓는 표정'이라고 기억하고 분할 때 혀를 차면 '이 동작은 분할 때 취하는 동작'이라고 기억한다.

따라서 사람이 미소를 지으면 반사적으로 '기쁘다'는 감정과 이미지가 생겨난다. 영화나 드라마 속에서 슬퍼하고 있는 사람에게 "자, 웃어 봐"하고 말을 거는 장면이 가끔 등장하는데 그 충고는 뇌 과학적으로도 타당한 것이다.

생긋 웃으면 뇌를 지배하고 있던 '슬픈 이미지'가 약화되고 '기쁜 이미지'가 생겨난다.

스포츠를 예로 들어 생각해 보자. 야구 중계를 보고 있으면 삼진을 당한 후 고개를 갸웃하고 참으로 풀죽은 표정으로 쓸쓸히 벤치로 돌아가는 선수를 볼 때가 있다.

그런 동작ㆍ표정은 뇌의 부정적인 이미지를 더욱 강화시킨다. 말하자면 그 선수는 부정적인 이미지 트레이닝을 하고 있는 셈이다.

앞으로는 싫을 때나 괴로울 때, 실패했을 때, 부정적인 표정이나 동작을 취하지 않도록 의식적으로 노력하기 바란다.

오늘은 여기서 더 나아가 아껴 두었던 비책 하나를 공개하고자 한다.

그 비책은 **부정적인 감정을 긍정적인 감정으로 바꾸는 '3초의 룰'이다.** 방법은 아주 간단하다. 불쾌한 일이 일어났을 때 그 일을 잊기 위한 신호(표정, 동작, 대사)를 정해 두는 것이다.

'3초의 룰'은 위기에 처했을 때 그 부정적인 감정을 긍정적인 감정

으로 전환해 기회를 만드는 방법이다. 예를 들어 어떤 일에 대해 부정적인 사고를 갖게 된 사람이라면 불쾌한 일이 일어났을 때 생긋 웃고 "(이번 일은) 없었던 일!"이라고 말하면서 손가락을 딱 하고 다섯 번 튕겨 소리를 낸다. 3초의 룰은 다양하게 설정할 수 있다.

3초의 룰을 반복해 '이것을 하면 안 좋은 일을 잊고 긍정적인 사고로 바뀐다'고 뇌에 확실히 인식시키면 기분 전환이 놀라울 만큼 쉬워진다.

부정적인 감정이 들었을 땐 '3초의 룰'을 기억하라.

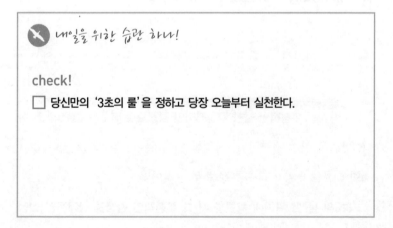

내일을 위한 습관 하나!

check!
☐ 당신만의 '3초의 룰'을 정하고 당장 오늘부터 실천한다.

19일

미래의 관점에서 현재를 본다

지금 현재, 당신은 승승장구하고 있는가?
미래의 당신에게 점검을 받아라.

19일

미래의 관점에서 현재를 본다

오늘의 과제는 미래의 '성공한 자신'이 되어 그(미래) 시점에서 지금 현재의 자신을 보는 것이다.

미래의 관점에서 거꾸로 현재를 보는 작업에는 '지금 현재의 행동에 대한 문제점이 명확해지고', '고생을 고생이라고 여기지 않게 되는' 두 가지 놀라운 효과가 있다.

우선 '현재의 문제점이 명확해진다'는 점을 실감하기 위해 시험 삼아 10년 전의 자신을 떠올려 보기 바란다.

'좀 더 다양한 사람들과 적극적으로 친분을 쌓았더라면 좋았을걸', '자격증을 취득하기 위한 공부를 계속했더라면……', '쓸데 없는 일에 꽤나 많은 돈을 허비했군' 등등 아마 반성할 점들이 머릿속에 꽤나 많이 떠오를 것이다.

사람은 과거의 자신을 되돌아보면 당시 자신에게 부족했던 점이나 좀 더 노력이 필요했던 부분, 그리고 잘못된 선택 등을 올바르게 판단할 수 있다.

그렇다면 '성공한 미래의 자신'이 되어 그 시점에서 '현재의 자신'을 되돌아보면 현재의 자신에게 결여되어 있는 점이나 노력해야 할 점이 저절로 보이게 될 것이다.

지나간 과거는 바꿀 수 없지만 미래의 자신이 현재의 자신을 보고 문제점을 발견할 수 있다면 그 문제점은 지금 바로 개선할 수 있다.

말하자면 '미리 하는 반성'이라고도 할 수 있는 이 작업은 현재의 당신을 확실하게 성공으로 이끌어 준다.

또 '성공한 미래'의 관점에서 현재의 자신을 본다는 발상에는 괴로움을 즐거움으로 바꾸는 힘이 있다. 따라서 고생을 고생이라고 여기지 않게 된다.

왜냐하면 미래의 성공한 자신의 눈으로 본다면 나날의 노력과 괴로움도 그 하나하나가 성공을 위한 중요한 과정이기 때문이다.

당연한 일이지만 '성공한 미래의 자신의 관점'에서 현재의 자신을 보는 경우에는 '틀림없이 성공한다'는 것이 전제가 된다.

따라서 '이런 일을 하는 게 무슨 의미가 있을까?', '지금 하는 노력이 과연 보답을 받을 수 있을까?'와 같이 망설이거나 방황하는 일 없이 지금 하는 노력과 고생을 진심으로 즐길 수 있다.

힘든 하루를 보내고 '앞으로도 계속 힘들겠다'는 생각이 들 때는 이 미래에서 거꾸로 현재를 보는 방법을 꼭 실천해 보기를 권한다.

미래의 관점에서 현재의 자신을 바라보면 개선점은 물론 상황을 극복하는 힘까지 얻을 수 있다.

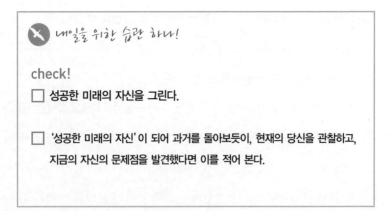

내일을 위한 습관 하나!

check!
☐ 성공한 미래의 자신을 그린다.

☐ '성공한 미래의 자신'이 되어 과거를 돌아보듯이, 현재의 당신을 관찰하고, 지금의 자신의 문제점을 발견했다면 이를 적어 본다.

20일

부모님께 전화한다

당신은 혹시, 아주 소중한 존재를
잊고 있지 않은가?

20일

부모님께 전화한다

"부모님께 감사하세요."

"선생님께 감사하세요."

"우리가 먹는 음식에 감사하세요."

우리는 어릴 때부터 무언가에 대해 그야말로 귀에 딱지가 앉을
정도로 '감사하는 마음'의 소중함을 배워 왔다.

전 세계의 모든 종교도 감사하는 마음의 소중함을 설파하고 있다.

그만큼 사람은 감사하는 마음을 쉽게 잊어버리는 존재다.

그리고 나 역시 예외 없이 입에서 단내가 날 정도로 "감사하세요", "감사하는 마음은 아주 소중하답니다"라고 되풀이해서 말한다.

왜냐하면 감사하는 마음에는 놀라운 힘이 있기 때문이다.

감사하지 않는다, 즉 마음에 불평불만을 품고 있을 때 사람의 뇌는 부정적인 사고를 한다.

부정적인 이미지가 지배하는 뇌에서는 '도전하자!' '틀림없이 할 수 있다!'와 같은 적극적인 생각은 모습을 감추고 '저건 불가능해', '이 일도 무리야'와 같은 불안한 생각이 고개를 든다.

이래서는 절대로 운이 찾아오지 않고 성공도 할 수 없다.

이와 반대로 사람은 무언가에 감사하고 있을 때 타인과의 유대감을 느낀다. 또 마음이 편안해지고 안심할 수 있다. 그런 상태가 되면 아무리 부정적인 뇌도 바로 그 순간 긍정적으로 변한다.

긍정적인 이미지가 뇌를 활성화하고 능력과 의욕을 높인다는 사실은 앞에서도 여러 번 얘기했다.

내가 평소에 '감사하는 마음을 가진 사람이 성공한다'고 주장하는 것은 바로 이 때문이다.

감사하는 아주 간단한 마음만으로 성공한 사람들처럼 어떤 일에도 적극적으로 매달릴 수 있는 '최고의 뇌'를 가질 수 있는 것이다.

자, 감사하자!

감사하는 마음의 기본이 되는 것은 단연 부모님이다. 부모님께 감사하는 마음을 갖고 있지 않은 사람은 절대 남에게도 감사하는 마음을 갖지 않는다.

"낳아 주셔서 감사합니다."

"아버지, 어머니 덕분입니다."

부모님께 감사의 말을 되풀이하는 동안에 가족, 동료, 친구 등은 물론이고 불편한 상대나 괴로운 상황에 대해서도 반사적으로 감사할 수 있는 뇌로 변한다.

그렇게 되면 어떤 역경 속에서도 당신의 뇌는 긍정적인 사고로 맞서게 될 것이다.

"감사하는 마음이 소중하다는 사실은 알지만 구체적으로 어떻게 하면 좋을지 잘 모르겠다"는 사람은 우선 거짓말이라도 괜찮으니 어쨌든 감사의 말을 소리 내어 말하는 습관을 들인다.

따라서 오늘의 과제는 **부모님께 전화를 걸어 "늘 감사합니다!"라고 말해 보는 것이다.**

쑥스럽고 어색하다면 트레이닝의 일환이라고 여기면 된다.

부모님께 전화해 "감사합니다"라고 말하자.

🗙 내일을 위한 습관 하나!

check!

☐ 지금 당장 수화기를 들자.

어려운 일에

적극적으로 도전하는 사람은

진보나 성장이 아닌

진화를 이룬다.

사람은 미래의 꿈이나 목표를 볼 수 있는

'마음의 눈'을 갖고 있다.

그리고 사람의 능력은

그 사람이 마음의 눈으로

무엇을 보고 있는지에 따라 결정된다.

당신의 마음의 눈은 지금 무엇을 보고 있는가?

21일

누군가를 몰래 칭찬한다

속는 셈치고 어쨌든 칭찬해 보라.
그 사람이 모르게, 살짝.

21일

누군가를 몰래 칭찬한다

오늘은 운을 부르는 비장의 방법을 전수한다.

그것은 바로 '그 사람이 없는 데서 그 사람을 칭찬하는 것'이다.

본인과 직접 얼굴을 맞대고 말하는 것이 아니라 그 사람이 '없는 자리'에서 칭찬한다는 점이 핵심 포인트다.

당신이 칭찬한 사실은 틀림없이 누군가를 통해 본인에게 전달된다. 그러면 당신과 그 사람 사이에는 반드시 좋은 관계가 형성된다.

왜 직접 하지 않고 간접적으로 칭찬해야 할까?

답은 간단하다.

사람은 남을 통해 들은 정보를 좀 더 신뢰하는 경향이 있기 때문이다.

상상해 보라.

만약 상사로부터 '아주 우수하다'는 칭찬을 받는다면 당신은 당연히 기쁠 것이다.

그렇다면 다른 누군가로부터 "부장님이 자네를 우수한 인재라고 칭찬하더군" 하는 말을 듣는다면 어떨까?

아마 직접 듣는 것보다 더 기쁠 것이다.

칭찬하는 상대는 당신이 좋아하는 사람이나 존경하는 사람도 좋지만 **오늘 권하고 싶은 것은 싫은 사람이나 거북한 사람에 대해 '그 사람이 없을 때 칭찬하는'것이다.**

진심으로 그렇게 생각하지 않아도 아무 상관없다.

"저렇게 보여도 과장님은 아주 행동력 있는 사람이야"와 같은 말을 해서 어쨌든 칭찬한다.

그러면 신기하게도 그 사람에 대해 느끼는 불편함이 자연스레 줄어든다.

상대를 칭찬하는 말을 반복적으로 하는 동안에 뇌가 그 정보에 속아 넘어가기 때문이다.

게다가 당신이 그 사람을 칭찬한 일은 반드시 본인의 귀에 들어가므로 두 사람의 관계는 점점 좋아진다.

'본인이 없는 데서 칭찬하는 방법'은 꼭 익혔으면 하는 테크닉이다.

속는 셈치고 당장 오늘부터 해 보자. 칭찬하면 할수록 놀라울 정도로 그 사람과의 관계가 좋아진다.

거북한 사람을 몰래 칭찬하자!
그와의 관계가 반드시 개선된다.

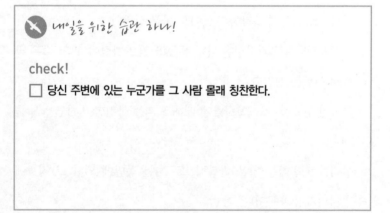

내일을 위한 습관 하나!

check!
☐ 당신 주변에 있는 누군가를 그 사람 몰래 칭찬한다.

22일

내 인생 최고의 날을 생각한다

그때 그 마음, 그 감동을 다시 한 번……

22일

내 인생 최고의 날을 생각한다

'운과 성공을 손에 넣은 자신'을 선명한 이미지로 떠올릴 수 없는 사람은 운과 성공을 손에 넣을 수 없다.

지금까지 나는 책이나 세미나를 통해 이 말을 되풀이해 왔다.

그렇지만 갑자기 성공한 자신을 생생한 이미지로 떠올리는 것은 어려울 것이다.

또 일이 생각대로 술술 풀리지 않을 때나 실패해 풀이 죽어 있을 때, 꿈을 이루고 행복한 상황을 이미지로 떠올리는 것도 쉽지 않을 것이다.

그런 경우의 대처법으로 '마음도 뇌도 두근두근한 상태'를 재빨리 만들어 낼 수 있는 비법이 있다.

그 비법은 바로 '내 인생 최고의 날을 떠올리는' 방법이다.

먼저 과거의 경험이 축적돼 있는 기억 데이터에서 가장 즐거웠던 일을 골라 그때의 상황과 가장 좋았던 때의 자신을 떠올리기 바란다.

초등학교 때 달리기에서 1등을 했던 운동회, 좋아하는 이성에게 고백하자 상대가 오케이를 한 레스토랑, 처음으로 중요한 비즈니스 상담을 성공적으로 매듭지었던 응접실…….

어떤 추억이든 상관없다.

그리고 당시의 자신으로 돌아가 최고조에 달했을 때의 감정을 자신의 내부에서 끌어낸다.

이 최고조에 달했을 때의 감정을 유지한 채 성공에 대한 이미지를 떠올리면 무엇을 해도 술술 풀리는 '성공하는 뇌'로 가는 길이 활짝 열리게 된다.

즐거운 일이 있으면 마음도 즐거워진다. 최고조에 달했을 때는 감정도 최고조가 된다. 이런 사실은 누구나 알고 있다.

그러나 '**좋은 감정이 좋은 결과를 낳는다**'는 사실은 그다지 알려져 있지 않다.

당신 인생의 '최고의 날'에 느꼈던 감정을 이용해 '최고의 날'과 같은 멋진 결과를 내자.

최고조에 달했을 때의 감정은 반드시 최상의 자신을 깨어나게 해 준다.

가장 좋았던 때의 나, 최고의 나를 떠올려라.

 내일을 위한 습관 하나!

check!
☐ 지금까지의 인생에서 가장 즐거웠던 날을 떠올린다. 언제, 어떤 상황, 어떤 기분이었는지를 구체적으로 적는다.

23일

모든 말의 마지막을 긍정적으로 바꾼다

정 안되면 '예스'라고 하라.
그리고 '벗(but)'을 붙여 새로운 전환을 꾀하라.

23일

모든 말의 마지막을 긍정적으로 바꾼다

비즈니스 세계에서 일반적으로 사용되는 커뮤니케이션 기술로 '예스 벗(Yes, But) 화법'이란 것이 있다.

이는 우선 상대의 말이나 행동을 "그렇군요(Yes)"라고 수용하고 인정한 다음에, "그러나(But), 이런 사고방식도 가능합니다"와 같은 식으로 이야기하는 방법이다. 상대의 마음을 열고 교섭을 원활하게 진행시키기 위한 화법이다.

오늘은 예스 벗 화법을 활용해 자기 자신의 감정 · 이미지 · 사고를 긍정적으로 만드는 브레인 트레이닝을 해 보자.

이 방법은 타인에게 부정적인 말을 들었거나 자신의 마음속에서 부정적인 감정이 좀처럼 사라지지 않을 때 일단 부정적인 말이나 감정을 수용하고 그 뒤 즉시 긍정적인 말을 덧붙이는 것이다.

예를 들어 '오늘 영업목표는 아무래도 달성하기 힘들겠는걸' 하고 불안한 마음이 들 때 일단은 그 부정적인 감정을 수용한 뒤에 '그러나 나라면 반드시 할 수 있어!' 라고 긍정적인 말을 덧붙이는 방식이다.

계속되는 야근으로 '왜 나한테만 이렇게 귀찮은 업무가 할당되는 거야' 라고 불만스럽게 생각했다면 '그러나 덕분에 업무 기술이 점점 향상되고 있어' 라고 긍정적인 말을 덧붙인다.

술 때문에 아내한테 잔소리를 듣고 '술 정도는 내 맘대로 먹게 해 달라고!' 하는 부정적인 감정이 솟아오른다면, '그러나 아내는 내 건강을 염려해서 그런 거야. 고마운 일이지' 라고 긍정적인 말로 바꾼다.

사람의 뇌는 마지막에 한 말을 기억하도록 되어 있기 때문에 긍정적인 말로 끝을 맺으면 긍정적인 기억으로 잠재의식에 남는다.

그러고 보면 옛사람들이 불길한 것을 보거나 들은 직후에 액막이를 위해 중얼거렸던 '쓰루카메(鶴龜, 학과 거북을 지칭하는 말. 이 두가지는 장수를 하기 때문에 상서로운 것으로 생각된다. 따라서 불길한 예감을 떨치고 행운을 빌 때 중얼거리는 말이다 - 옮긴이), 쓰루카메, 쓰루카메'라는 주문도 어엿한 예스 벗 화법이라고 할 수 있다.

사람은 '부정적인 사고는 좋지 않다'고 머리로는 알고 있어도 그렇게 생각하면 할수록 더욱 부정적인 사고를 하게 되는 생물체이기도 하다.

그러나 이 부정적인 사고나 이미지를 일단 받아들이고 '그러나'로 전환하는 트레이닝을 반복하면 뇌의 전환이 그다지 어렵지 않다는 사실을 알 수 있다.

예스, 벗(Yes, But)은 긍정을 위한 최고의 어투다.

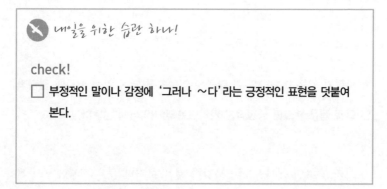

내일을 위한 습관 하나!

check!
☐ 부정적인 말이나 감정에 '그러나 ～다'라는 긍정적인 표현을 덧붙여본다.

24일

좋은 일 리스트를 만든다

아주 사소한 일이라도 좋다.
어쨌든 적어 보자.

24일

좋은 일 리스트를 만든다

'운이 없다'고 생각하는 사람은 운이 없었던 불쾌한 일을 계속 반복한다.

사실 이런 사람의 대부분은 매우 우수한 사람들이다.

그러나 운을 느끼지 못하기 때문에 뇌에 조금이라도 부정적인 정보가 들어오면 거기에 져서 좌절한다.

한편, 긍정적인 착각에 따라 자신은 '운이 좋다'고 생각하는 사람은 부정적인 정보에 전혀 개의치 않는다.

같은 것을 봐도 그것을 받아들이는 방식(수신 안테나)에는 큰 차이가 있다.

'운을 느낄 수 없다. 부정적인 수신 안테나'를 '운을 느낀다. 긍정적인 수신 안테나'로 바꾸는 가장 강력하고 가장 빠른 방법은 운이 따르는 사람과 사귀는 것이라고 앞에서 이미 이야기했다.

운이 따르는 사람들이 사물에 대해 느끼는 방식, 사고방식과 접촉함으로써 당신의 수신 안테나는 단숨에 바뀌기 시작한다.

또 하나의 방법은 '운이 따랐던 일', '운이 좋았던 일'을 생각나는 대로 모두 적는 것이다. 꼭 엄청난 행운일 필요는 없다.

'우연히 들어간 레스토랑에서 먹은 점심이 맛있었다.' '오늘 아침은 전철에 빈자리가 있어서 앉아서 갔다.' 이처럼 사소한 행운으로 충분하다.

그리고 리스트가 완성되었다면 마지막에 '나는 행운아'라고 덧붙여 적고 그 리스트를 소리 내어 읽는다.

이 작업은 오늘 하루뿐이 아니라 앞으로도 쭉 습관으로 삼아도 좋다.

첫머리에서 말했듯이 이 세상에는 '나는 운이 좋다'고 생각하는 사람과 '나는 운이 나쁘다'고 생각하는 두 종류의 사람이 있다.

그리고 운이 좋다고 생각하는 사람들은 언제나 '운이 따랐다', '운이 좋았다'와 같은 좋은 일을 반복한다.

특히 이렇다 할 근거도 없으면서 긍정적인 착각을 하고 있기 때문에 무슨 일이든 간단히 할 수 있는 것이다.

그들과 마찬가지로 '운이 좋았던 일을 떠올린다' → '그 일을 소리 내어 말한다'를 반복함으로써 당신의 수신 안테나는 사물을 긍정적으로 받아들이는 수신 안테나로 바뀌어 간다.

운이 좋았던 일을 떠올리고 '나는 행운아다' 라고 말하자.

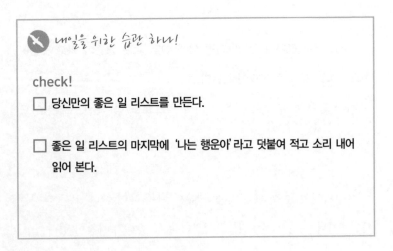

내일을 위한 습관 하나!

check!
- [ ] 당신만의 좋은 일 리스트를 만든다.

- [ ] 좋은 일 리스트의 마지막에 '나는 행운아' 라고 덧붙여 적고 소리 내어 읽어 본다.

25일

'〜하다'를 '〜하도록 허락받다'로 바꾼다

말투를 살짝 바꾸는 것만으로도 운이 찾아온다.

25일

'~하다'를 '~하도록 허락받다'로 바꾼다

무언가에 감사할 때 대개의 사람들은 '고마워'나 '감사합니다'라는 말을 사용한다. 그런데 또 한 가지 멋진 표현이 있다.

그것은 '덕분에'라는 말이다.

인생은 당신 주변의 수많은 사람들 '덕분에' 이루어진다.

당신이 이렇게 살아 있는 것은 당신을 낳고 길러 주신 부모님 덕분이고, 일을 배울 수 있었던 것은 상사와 선배 덕분이다. '힘내서 일하자'고 생각할 수 있는 것은 가족이나 연인, 직장 동료 덕분이다. 그리고 혹 당신이 경영자라면 당신이 비즈니스를 할 수 있는 것은 고객과 사원들 덕분이다.

'덕분에'라는 말을 사용하면 자신의 인생이 '사람들 덕분에' 유지되고 있음을 깨닫게 된다.

그리고 또 한 가지, 성공한 경영자들을 보노라면 **'이 사람은 과연'** 하고 감탄하게 되는 **'말투'**가 있다.

그것은 바로 '(나를 위해) ~하도록 허락받다'라는 문구다.

예를 하나 들어 보자. 일본 선술집 체인점인 '와타미'의 와타나베 미키 사장은 캄보디아와 네팔의 교육환경을 지원하는 NPO 법인을 만들어 어린이들의 교육을 지원하고 있다. 그런데 그는 그 활동에 대해 언급할 때마다 반드시 '(나를 위해) ~하도록 허락받다'라는 문구를 사용한다.

이런 경우 일반적인 경영자라면 보통 '(당신을 위해) ~하고 있습니다', '(당신을 위해) ~합니다'라고 말할 것이다. 그가 큰 성공을 거둔 비밀이 바로 여기에 있는 것이다.

아이에게 줄 요리를 만들 때 '(아이를 위해) 만들고 있다'가 아닌 '(나를 위해) 만들도록 허락을 받다'라고 생각하면 요리를 만드는 일이 애정으로 이어진다.

부모님께 무언가를 선물할 때 '(부모님을 위해) 드리다'가 아닌 '(나를 위해) 드리도록 허락을 받다'라고 생각하면, 감사하는 마음이 솟는다.

'~하다'와 '~하도록 허락받다'.

아주 작은 차이처럼 느껴질지 모르지만 이 두 가지 말이 운에 미치는 힘은 천지 차이다.

'~하다' → '~하도록 허락받다'로 바꿔보자.
전혀 다른 애정과 에너지가 솟아날 것이다.

❌ 내일을 위한 습관 하나!

check!

☐ '고마워'와 '덕분에'라는 말을 사용해 본다.

☐ '(당신을 위해) ~하다'를 '(나를 위해) ~하도록 허락받다'라는 표현으로 바꿔 본다.

26일

상냥하게 미소짓는 연습을 한다

아주 좋아하는 사람의 얼굴을 떠올리며……

26일

상냥하게 미소짓는 연습을 한다

사람의 웃는 얼굴에는 세 종류가 있다.

첫 번째는 입을 크게 벌리고 소리를 내어 즐겁게 웃는 얼굴이다.

두 번째는 생긋하고 치아를 보이며 밝게 웃는 얼굴이다.

그리고 세 번째는 입을 다문 채 가볍고 상냥하게 미소 짓는 얼굴이다.

운을 거머쥐기 위해서는 마지막의 '상냥하게 미소짓는 얼굴'이 아주 중요하다.

사람의 뇌에는 무언의 보디랭귀지가 가장 효과적으로 작용한다.

악당이 상대를 벌벌 떨게 만들 때 그들은 말없이 무서운 표정으로 노려본다. 확실히 아무 말 없이 위협적인 태도를 보이면 어떤 말로 위협하는 것보다 무섭다.

이와 마찬가지로 아무 말 없이 상냥하게 미소짓는 얼굴은 아주 강하게 상대의 마음에 와 닿는다.

그리고 상냥하게 미소짓는 얼굴을 본 사람은 '이 사람은 내 모든 것을 받아 주고 있다'고 느낀다.

즉, 상냥하게 미소 짓는 얼굴은 신뢰감을 줄 수 있는 얼굴인 것이다.

즐겁게 웃는 얼굴과 밝게 웃는 얼굴은 연습 없이도 누구나 할 수 있지만 상냥하게 미소짓는 얼굴은 안타깝게도 연습 없이는 할 수 없다.

일찍이 일본의 어머니들은 모두 이 상냥하게 미소짓는 얼굴을 자연스럽게 지을 수 있었다. 옛날의 부모들은 자식들에게 엄격했지만 이 평온함이 깃든 미소를 보여 줌으로써 아이들은 진심으로 안온함을 느낄 수 있었다.

그러나 현대인들은 너무 바빠서 상냥하게 미소짓는 얼굴을 잊어버린 모양이다.

오늘은 트레이닝을 통해 자신만의 근사한 미소를 한번 만들어 보자.

방법은 아주 간단하다.

거울 앞에서 좋아하는 이성이 내게 입맞춤하는 장면을 상상하면 된다.

'그런 민망한 상상을……'이라고 생각하지 말고 꼭 시험해 보기 바란다.

틀림없이 당신의 얼굴은 가장 기분 표정을 짓고 있을 것이다.

그리고 평소에 생각 날 때마다 이 미소를 지어 보도록 한다.

상냥하게 미소짓는 얼굴이 최강의 얼굴이다.

✪ 내일을 위한 습관 하나!

check!
- ☐ 거울 앞에서 상냥하게 미소짓는 얼굴을 연습한다.

- ☐ 그리고 그것을 습관화하도록 노력한다.

27일

남과 나를 비교하지 않는다

앗, 또 비교하고 말았다.
그럼 안 돼. 자신에게 자신감을 가져!

27일
남과 나를 비교하지 않는다

　자신을 좀 더 성장시키고 싶거나 능력을 높이고 싶을 때 사람은 무심코 남과 자신을 비교하기 쉽다.

　그러다 보면 '저 사람처럼 되지 않으면 안 된다', '~하지 않으면 안 된다'와 같은 생각에 빠지기 쉽다.

　그러나 '~하지 않으면 안 된다'는 말에 숨어 있는 부정적인 이미지는 뇌의 활발한 기능을 방해한다.

　'~하지 않으면 안 된다'고 생각하는 순간, 그것은 실현하기 힘든 과제가 된다.

사람에게는 각기 장점이 있다.

그 사람밖에 없는 그 사람의 '특성'을 연마하면 되는 것이다.

남에게 상냥한 사람은 상냥함을 좀 더 갈고 닦으면 된다.

남보다 강한 사람은 그 강인함을 좀 더 갈고 닦으면 된다.

그런데 여기서 문제가 되는 것은 많은 사람들이 자신의 특성을 깨닫지 못하고 있다는 점이다.

기업 경영자들 중에서도 자신의 특성이 아닌 분야에서 무턱대고 노력함으로써, 불필요하게 공회전을 하는 사람들을 자주 본다.

심리학자 조지프와 해리가 고안한 통칭 '조하리의 창(Johari's window)'을 혹 알고 있는가? 그 이론에 따르면 사람에게는 4가지 영역(창)이 있다.

개방의 창 … 자신도 알고 타인도 알고 있는 자신

맹점의 창 … 자신은 모르지만 타인은 알고 있는 자신

비밀의 창 … 자신만 알고 있는(감추고 있는) 자신

미지의 창 … 자신도 남도 모르는 자신

이 4가지 중 맹점의 창, 미지의 창에 해당하는 특성인 '자신만 깨닫지 못하는 자신의 특성' 또는 '자신도 남도 깨닫지 못하는 특성'에 꼭 눈을

돌리기 바란다.

되풀이해서 말하지만 남과 자신을 비교할 필요 따윈 전혀 없다.

특성이란 하늘이 그 사람에게 부여해 준 '천명'과 같은 것이다.

이 특성을 깨달았을 때 사람은 놀라우리만큼 성장한다.

그리고 남과 자신을 비교함으로써 마음속에 생겨났던 '초조함'

이 순식간에 사라진다.

남과 다른 나의 특성에 집중한다.

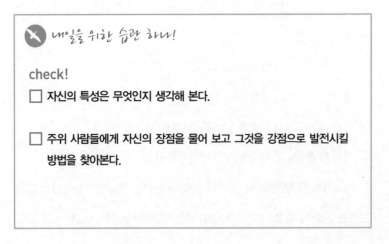

내일을 위한 습관 하나!

check!
□ 자신의 특성은 무엇인지 생각해 본다.

□ 주위 사람들에게 자신의 장점을 물어 보고 그것을 강점으로 발전시킬
　방법을 찾아본다.

28일

동료와의 대화 내용을 돌이켜 본다

서로의 꿈을 뜨겁게 이야기하라!
그리고 새로운 희망을 가져라!

28일

동료와의 대화 내용을 돌이켜 본다

퇴근길에 마음이 맞는 동료와 선술집으로 향한다.

"건배!" "수고했어!" 서로 격려하며 차가운 맥주를 꿀꺽꿀꺽 들이킨다.

참으로 즐거운 순간이다.

자, 적당히 술기운이 돌기 시작할 무렵, 여러분은 어떤 대화를 나누고 있을까? 일에 대한 푸념이나 불만? 아니면 상사의 험담?

스트레스 해소에는 이런 화제가 제일 좋다고 굳게 믿고 있는 사람들이 무척 많지만 **좋은 운이 자신에게 돌아오도록 해서 성공하고 싶**

다면 푸념이나 험담을 나누는 일은 피하는 것이 좋다.

불만을 품고 있을 때 그 사람의 뇌는 부정적인 데이터로 가득 찬다. 게다가 그 불만을 말로 표현하면서 부정적인 감정은 더욱 강화된다.

따라서 '그 사람이 나쁘다', '이 일이 마음에 들지 않는다'고 푸념이나 불만, 험담을 나누는 행위는 부정적인 사고를 최대한 증폭시키는 것이다.

운이 따르는 사람, 성공한 사람은 결코 그런 화제를 입에 올리지 않는다. 그들은 서로 뜨겁게 꿈을 이야기하고 늘 서로에게 자극을 준다.

그 긍정적인 이미지에 의해 뇌가 활발하게 기능하기 때문에 지혜와 아이디어가 계속 샘솟는다.

만약 당신이 맥주잔을 손에 들고 서로 푸념을 털어놓는 상대를 '마음이 잘 맞는 동료'라고 생각하고 있다면, 당신의 생각을 바꿀 필요가 있다.

그 집단은 '운이 따르지 않는 사람들의 모임'이다.

어떤 사람들과 사귀고 어떤 대화를 나눠야 할까? 오늘은 한번 곰곰이 생각해 보기 바란다.

"하지만 사회인으로 살아가는 이상, 부정적인 말을 하는 사람과도 사귀지 않으면 안 된다"고 반론하는 사람도 꽤 있을 것이다.

분명 그 말이 맞다. 하지만 그럴 때는 이렇게 생각하기 바란다.

'표면적으로는 사귀지만, 내면적으로는 절대로 사귀지 않는다'고.

푸념이나 험담이 시작되면 적당히 흘려듣고 '나는 그들과 다르다. 반드시 운을 손에 넣어 성공한다'고 강하게 이미지화하면 된다.

푸념이나 험담은 백해무익하다.
동료와 밝고 즐거운 미래에 대해 이야기하자.

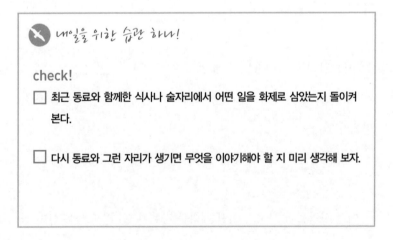

내일을 위한 습관 하나!

check!

☐ 최근 동료와 함께한 식사나 술자리에서 어떤 일을 화제로 삼았는지 돌이켜 본다.

☐ 다시 동료와 그런 자리가 생기면 무엇을 이야기해야 할 지 미리 생각해 보자.

29일

씩씩하게 걷는다

폼 나게 걷자! 자신감을 갖고!

29일

씩씩하게 걷는다

누군가에게 인정받았을 때.

좋은 일이 생겼을 때.

이럴 때 사람은 누구나 가슴이 뛰고 무의식중에 얼굴 가득 웃음을 띠며 걸음은 경쾌해진다.

그 걸음걸이를 보고 있으면 **'씩씩하게 활보한다'**는 표현이 딱 들어맞는다.

반대로 누군가로부터 자신의 존재를 부정당하거나 곤경에 처했을 때는 기분이 침울해지고 거기에 호응하듯이 저절로 걸음걸이도 무거워진다.

또 얼굴빛도 어두워진다.

그렇다면 둘 다 아닐 경우, 즉 특별히 기분이 좋지도 나쁘지도 않은 일반적인 상태에서 사람은 어떤 식으로 걸을까?

거리에 나가 길을 걷고 있는 사람들을 관찰하면 바로 알 수 있다.

대부분의 사람들은 땅을 쳐다보며 그저 걷고 있다. 그 표정을 보고 있으면 빈말이라도 '생기 있다'고 말하기는 힘들다.

그렇다면 당신은 어떨까?

만약 등을 구부정하게 굽히고 고개를 숙이며 걷는 일이 습관화되었다면 오늘부터 싹 바꾸자.

가슴을 펴고 얼굴은 전방을 바라보며 가볍게 미소짓고 씩씩하게 걷는 것이다.

평소에는 물론이고 지독하게 풀이 죽어 있을 때도 씩씩하게 활보한다!

사람의 뇌는 하나하나의 표정과 동작을 그것에 어울리는 감정과 세트로 기억하고 있다.

따라서 씩씩하게 활보하면 근육의 자극을 통해 '오늘은 최상의 컨디션'이라는 정보가 뇌로 전달되어 눈 깜짝할 사이에 긍정적인 감정이 확산된다.

씩씩하게 걷는 것만으로 사고도 감정도 긍정적인 방향으로 작용한다.

그리고 말할 필요도 없이 씩씩하게 걷는 모습은 누가 봐도 폼 난다!

자신감을 가지고 당당하고 폼 나게 걷자.

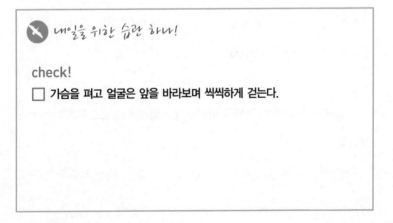

내일을 위한 습관 하나!

check!
□ 가슴을 펴고 얼굴은 앞을 바라보며 씩씩하게 걷는다.

30일

신세를 진 6명에게 감사한다

사람을 소중히 여기지 않는다?
그런 사람은 절대 성공할 수 없다.

30일

신세를 진 6명에게 감사한다

부처님의 가르침 중에 **'육방배(六方拜)'** 라는 것이 있다.

이것은 '동 · 서 · 남 · 북 · 천(위) · 지(아래)' 의 여섯 방향 전부를 향해 감사한다는 가르침이다.

동쪽을 향해 내 생명의 밑거름인 부모님과 선조에게 감사한다.

서쪽을 향해 내가 힘을 내도록 도와주는 가족에게 감사한다.

남쪽을 향해 신세를 진 인생의 은사에게 감사한다.

북쪽을 향해 인연이 있었던 친구와 지인에게 감사한다.

하늘을 향해 태양과 하늘, 우주와 같은 대자연에 감사한다.

땅을 향해 먹을 것을 주는 토지 등 대자연에 감사한다.

사람은 자칫하면 자기중심적인 사고방식을 갖기 쉽다.

이 육방배에는 '사람은 주위 사람들의 존재 덕분에 살아간다'는 아주 중요한 진리가 함축되어 있다.

크게 성공한 사람들은 모두 '자신은 주위 사람들의 도움으로 살아간다'고 하는 타자 중심적인 사고의 소유자다.

그러나 반대로 자기중심적인 사고를 가진 사람은 자신이 옳다고 굳게 믿는다. 무언가 나쁜 일이 생기면 '이처럼 나쁜 일이 생긴 것은 모두 남의 탓'이라고 생각하기 때문에 결코 성장하지 못한다.

타자 중심적인 사고를 가진 사람은 늘 감사하는 마음을 갖고 있다.

사람의 뇌에는 '무언가에 감사하면 반드시 긍정적이 된다'는 메커니즘이 있다.

긍정적이 된 뇌는 '성공하는 뇌', '운을 타고난 뇌'다. 따라서 타자 중심적인 사고를 가진 성공한 사람들은 더욱더 성공하게 된다.

육방배로 감사할 대상은 당신이 가장 감사해야 할 6명이다.

부모, 가족, 조부모, 직장 상사, 동료, 친구, 지인…… 하고 떠올리다 보면 6명이라는 숫자는 터무니없이 적다고 느껴질 것이다. 그러나 실제로는 아마 6명의 사람조차 소중히 여기지 못했던 경우가 대부분일 것이다.

6명을 선택했다면 각각의 사람에게 어떻게 감사할지를 말로 적고 그것을 소리 내어 말해 본다.

감사하는 힘을 높이는 트레이닝으로 오늘은 '당신만의 육방배'를 만들어 보면 어떨까.

주위 사람들의 존재 덕분에 살아간다고 생각하자.

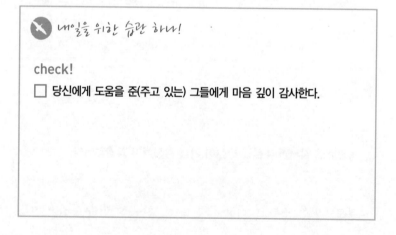

내일을 위한 습관 하나!

check!
☐ 당신에게 도움을 준(주고 있는) 그들에게 마음 깊이 감사한다.

31일

죽음에 대해 생각한다

죽음에 대해 진지하게 생각한다.
그런 하루가 있는 것도 좋다.

31일

죽음에 대해 생각한다

모든 사람들은 언젠가 반드시 죽음을 맞는다.

이 세상에는 대부분의 경우 예외가 존재하지만 죽음에 관해서는 예외가 없다.

유감스럽지만 생명이 있는 모든 생물체에는 반드시 마지막 순간이 찾아온다. 그러나 대부분의 사람들은 '자신이 언젠가 죽는다' 는 사실을 까맣게 잊고 하루하루를 보내고 있다.

따라서 죽음에 대해 찬찬히 생각해 보는 것이 오늘의 테마다.

'왠지 불길한 얘기' 라고 생각하지 않았으면 좋겠다.

죽음을 진지하게 생각하는 것은 곧 '살아가는 일'을 진지하게 생각하는 것으로 이어지기 때문이다.

우선 언젠가 찾아올 '그날'을 이미지로 떠올려 보면 '다른 사람들의 도움으로 살아간다'는 사실에 감사하는 마음이 생긴다.

그리고 가족을 비롯해 자신을 둘러싼 사람들, 건강, 일, 시간과 같은 평소에는 의식하지 못했던 '항상 그 자리에 있는 소중한 것'의 존재를 깨닫게 될 것이다.

죽음에 대해 이런저런 생각을 하는 사이 '살아가는 동안 자신이 무엇을 해야 할지'가 보이기 시작한다.

즉 죽음에 대해 생각하면 '살아가는 목적'이 분명해진다.

'사는 보람이 없다'거나 '무엇을 위해 살고 있는 걸까'라고 투덜거리는 사람은 죽음에 대해 진지하게 생각해 본 적이 없다는 증거다.

그리고 또 한 가지, 죽음을 진지하게 생각하는 일은 뇌 과학의 측면에서도 이점이 있다.

사람의 뇌는 '마감(타임리미트)'을 구체적인 이미지로 떠올릴 수 있으면 진지하게 움직이기 시작한다는 특성이 있다.

비즈니스맨은 납기가 있기에 업무 절차를 확고하게 세워 업무에 전념하고 수험생은 시험 일정이 정해져 있기에 학습 계획표를 만들고 진지하게 공부하는 것이다.

자신의 인생에도 '마감'이 있다는 사실을 분명하게 인식하고 '살아가는 목적'을 달성하기 위한 과정을 구체적으로 만들어 가자.

내가 여기서 하고 싶은 말은 '죽음을 각오하라', '최악의 사태를 각오하라'는 것이 아니다.

'생명에는 마감이 있다는 사실'을 일단 확실하게 받아들인 후에 거기에서 부각되는 '살아가는 목적'을 실현하기 위해 날마다 즐겁고 활기차게 살아가자는 것이다.

그런 적극적이고 강한 결의를 갖기 바라는 것이다.

죽음을 진지하게 생각하면 살아가는 목적이 보인다.

⊗ 내일을 위한 습관 하나!

check!
- ☐ 죽음을 이미지로 떠올려 본다. 당신이 '살아가는 목적'은 무엇인지 적어 본다.

어떤 일도 포기하지 않고 끈기 있게 계속하면

반드시 멋진 결과로 이어진다.

그런데 많은 사람들은

아주 간단한 이 성공법칙을

소홀히 해

스스로를 괴롭힌다.

'능력', '개성', '매력'은

무언가를 계속 추구한 자에게만

주어지는 것이다.

지금 현재 당신은 '31가지 습관'을 꾸준히 지키고 있는가?

혹시 이 책을 전부 읽기 전에 이 부분을 먼저 읽고 있는 사람도 있을지 모른다. 그러나 앞에서도 말했듯이 운을 부르기 위해서는 어떤 일이든 지속하며 습관으로 만드는 것이 무척 중요하다.

이 책에서 언급한 습관을 매일 매일 실천하면 행운을 느끼는 힘(운감력), 기쁨을 느끼는 힘(희감력), 은혜를 느끼는 힘(은감력)이 비약적으로 향상된다.

그리고 어느 날 모든 일에 운이 따르는 자신을 발견하게 된다.

이 세상에는 성공 노하우를 알려 줄 목적으로 출판된 책들은 많지만 성공하기 위해 중요한 '운을 부르는 방법'을 알려 주는 책은 찾아보기 힘들다.

그런데 이 책을 읽고 착실히 실천하면 절로 운이 따르고 목표를 달성하고 성공할 수 있다.

따라서 이 책을 만난 당신은 정말로 운이 좋은 사람이다!

이 책을 통해 여러분께 전하고 싶은 얘기가 또 한 가지 있다.

그것은 '정말로 소중한 것이 무엇인지'를 깨달았으면 하는 것이다.

당신을 성공으로 이끌어 주는 '당신에게 가장 소중한 것'은 사실 당신 바로 가까이에 있다.

가까이 있기에 많은 사람들이 그 소중함을 깨닫지 못하는 것이다.

예를 들어 부모님이 건강하실 때는 효도해야겠다는 생각을 전혀 하지 못한다. 돌아가신 후에야 비로소 '좀 더 효도했으면 좋았을 걸' 하고 후회한다.

회사에서 일을 하는 동안에는 인간관계나 업무 내용에 대해 항시 불평불만을 토로한다. 그리고 정년퇴직을 하거나 정리해고를 당하고 나서야 비로소 일의 소중함을 뼈저리게 느낀다.

혹은 병이 들거나 부상을 당하고 나서야 비로소 건강의 소중함을 깨닫는다.

누구나 행복해지고 싶다고 생각한다.

그러나 바로 옆에 있는 이런 소중한 것을 귀하게 여기지 않으면 행복해질 수 없다.

우리의 뇌는 그렇게 만들어져 있다.

예를 들어 "부모 따윈 어떻게 되든 상관없어"라든가 "돈만 있으면 뭐든 손에 넣을 수 있다"고 호언장담하고 그럭저럭 성공하는 사람이 있다.

하지만 그런 사람은 절대로 '진정으로 성공한 사람'이 될 수 없다.

진정으로 성공한 사람은 소중히 해야 할 사람을 진심으로 소중히 여긴다.

정말로 소중한 것을 소중하게 여긴다.

이런 마음가짐이 어떤 일에도 꺾이지 않는 강한 마음을 가져다 준다.

파랑새를 찾아 숲을 헤매는 치르치르와 미치르의 이야기가 알려주듯이 행복은 바로 가까이에 있다.

당신의 내면을 깊이 들여다보기 바란다.

니시다 후미오

서점에서 제일 많이 기웃거리는 곳은 아무래도 경제경영서와 자기계발서 코너다.

눈길을 끄는 자극적인 제목에다 이 책만 읽으면 초라한 재투성이인 나도 단번에 부와 성공을 거머쥔 신데렐라가 될 수 있을 것만 같은 꿈에 부풀게 하는 책들 속에서, 과연 어떤 책을 선택해야 할지 망설인 적이 한두 번이 아니었다.

늘 읽으면서 고개를 끄덕이고 밑줄을 긋고는 했지만 여전히 바뀌지 않는 재투성이의 내 모습을 보면서 한숨짓는 일도 부지기수였다.

하지만 이 책은 달랐다. 책의 저자가 말하고 있듯이 이 세상에는 성공 노하우를 알려 줄 목적으로 출판된 책들은 많지만 성공을 위해 중요한 '운을 부르는 방법'을 알려 주는 책은 없기 때문이다.

'침착하자'보다는 '떨면 안 돼'라고, '잘하자!'보다는 '실수하면 안 돼' 라고 생각했던 내 부정적인 뇌가 지금의 궁상맞은 나를 만든 가장 큰 이유였다는 사실을 깨닫고, 허탈하기도 하고 '진작 알았으면 좋았을 텐데' 하는 후회도 든다.

이 책을 하루하루 날짜에 맞춰 한 달을 읽고 이 책이 일러 준대로 실천할 수 있다면, 그리고 그저 한 달로 끝내는 것이 아니라 늘 곁에 두고 곱씹어 읽어서 습관화할 수 있다면, 당신의 성공은 이미 예약된 것이나 다름이 없다.

아무리 책 읽기를 싫어하는 사람이나 바빠서 자기계발서 따위 읽을 시간이 없다고 푸념하는 사람이라도 하루에 두세 페이지를 읽는 것은 그리 큰 부담이 되지 않을 것이다. 그러니 속는 셈 치고 한번 시작해 보자. 자신만의 '넘버원 포즈' 를 취하면서……

이동희

옮긴이 _ 이동희

한양대 국어국문학과 졸업. 8년간의 출판사 근무 후 일본 유학을 떠나 일본외국어전문학교 일한
통역·번역학과 졸업. 다년간의 다양한 번역 업무를 거쳐 현재 전문 번역가로서 활동 중이다.
옮긴 책으로는 『잘되는 나를 만드는 최고의 습관』, 『이기적인 시간술』, 『상사의 한마디 코칭』,
『두부 한 모 경영』, 『마루한이즘』 등이 있다.

'인생의 차이'를 만드는 31일 습관

라온 경영습관

개정판 1쇄 인쇄 ┃ 2015년 11월 20일
개정판 1쇄 발행 ┃ 2015년 11월 27일

지은이　┃ 니시다 후미오
감　수　┃ 강은미
옮긴이　┃ 이동희
펴낸이　┃ 강효림

편　집　┃ 민형우
디자인　┃ 채지연
사　진　┃ 이경우
마케팅　┃ 김용우

종　이　┃ 화인페이퍼
인　쇄　┃ 한영문화사

펴낸곳　┃ 도서출판 전나무숲 檜林
출판등록┃ 1994년 7월 15일·제10-1008호
주소　　┃ 03961 서울시 마포구 방울내로 75, 2층
전화　　┃ 02-322-7128
팩스　　┃ 02-325-0944
홈페이지┃ www.firforest.co.kr
이메일　┃ forest@firforest.co.kr

ISBN ┃ 978-89-97484-60-7 (03320)